AGIR ET PENSER COMME JAMES BOND

Direction éditoriale : Stéphane Chabenat
Éditrice : Charlotte Sperber
Conception graphique et mise en pages :
Florence Cailly
Conception graphique de la couverture : olo.éditions

Les éditions de **l'Opportun**
16, rue Dupetit-Thouars
75003 Paris
www.editionsopportun.com

STÉPHANE GARNIER

AGIR ET PENSER COMME JAMES BOND

00

DANS LA PEAU DE JAMES BOND

Devenez le 007 de votre vie

Ce qu'il pense, ce qu'il fait, ce qu'il dit…

SOMMAIRE

AVANT-**PROPOS**

Une part de James en chacun de nous ?

Bond ? Vous avez dit Bond comme James Bond ?

Agir et penser comme James Bond ? Vraiment ? Déjà comme un chat, on osait à peine y croire[1]…

Et pourtant oui, pourquoi ne pas prendre exemple sur cette icône, sur ce personnage populaire aux multiples talents, aux multiples facettes, qui a su traverser toutes les décennies en se renouvelant sans arrêt ?

Quels sont les secrets de James qui lui permettent d'être si magnétique ? Qui n'a pas rêvé un jour de se retrouver dans la peau de Bond ?
Que peut-il nous apprendre, dans sa manière d'être et de penser, qui pourrait être utile à chacun d'entre nous dans notre vie de tous les jours ?

---

1. *Agir et penser comme un chat*, Éditions de l'Opportun.

James, un nouveau coach d'épanouissement personnel comme d'autres icônes ? Même s'il s'agit d'un personnage de fiction ? Sérieusement ?

C'est la découverte que je vous propose ici.
Tous les grands personnages réels comme fictifs ont, de par leur charisme, leurs idées, leur conception de la vie, des messages, de grandes lois qu'ils incarnent et qui les habitent. Autant de talents, de capacités, d'attitudes et de comportements, dont nous pouvons tous nous inspirer, pour en tirer parti dans notre quotidien.

J'ai choisi James, car ce héros a su traverser toutes les modes et toutes les époques. Même si certaines de ses interprétations ont parfois été plus faibles que d'autres, en termes de réalisations et d'acteurs - chacun choisira son école - le personnage de James n'a eu de cesse de s'enrichir et de se complexifier, tout en conservant paradoxalement ses moteurs de vie les plus profonds.

Du James lisse et gouailleur des débuts, incarné par Sean Connery, au personnage fissuré des derniers opus de la saga campé par Daniel Craig, James a su rester entier, fidèle à sa pensée, à sa grandeur, fidèle à toutes les raisons pour lesquelles dans le monde entier, ce personnage a toujours su magnétiser le plus grand nombre de par son charisme, sa force, son humour et son charme.

Autant de qualités, de forme d'esprit, d'indépendance, que nous pouvons tous développer pour acquérir ce qui fait la douceur, l'animalité, la part exceptionnelle et intouchable de James. Cette part de notre personnalité, que nous laissons si souvent dans l'ombre.

Comment entrer dans la peau de James ? Comment comprendre ? Comment ne pas nous mentir ?
Au fond de nous, y a-t-il un James qui sommeille et qui ne demande qu'à faire son apparition ?

Après tant d'années, tant d'interprètes, tant d'adaptations, à rester encore aujourd'hui un monument indéboulonnable, une forme de mystère, de rêve inassouvi pour chaque personne autour de la planète qui l'ont suivi : oui, James existe.

Il remplit un rôle, et plus que cela, une tâche : celle de la personne que tous, à un moment, nous rêvons d'être.

C'est cela James, ni plus ni moins. La partie supérieure, édulcorée, fantasmée, de la personne que nous avons tous à un moment envie d'incarner.
Au-delà de ses conquêtes féminines, de ses voyages, de sa légèreté, des risques pris, de ses missions, de sa stature de héros, au-delà de ce qui crée son univers, au fond de nous, l'aimant qui nous a toujours attiré, est ce qui fait tenir debout cet édifice de rêve : son être profond. Ses moteurs, ses mystères, ce qui lui permet de ne jamais flancher, quand nous… Parfois…
Voilà pourquoi James a toujours suscité l'envie et l'admiration.
Ses moteurs profonds sont-ils qualifiables ? Sont-ils adaptables à n'importe quelle personne ?
Pouvons-nous être un bout du James qui chaque jour sauve le monde ?
Telle est ma question. Tel est le but de cet ouvrage.
Alors ? James tient-il sa promesse ?

Pouvons-nous, tous, cultiver la part de James qui existe secrètement en chacun d'entre nous ?

Et si je vous disais… Oui ! Sans avoir besoin de dégainer un pistolet, mais en usant d'armes beaucoup plus puissantes que James peut nous offrir…
Et si je vous disais vivre… Et si je vous disais vivre, comme *Vivre et laisser mourir*…

Voyez-vous cher James qui sommeille en chacun d'entre vous, voyez-vous où je veux en venir ?

Entourez votre réponse !
Et rendez-vous en fin d'ouvrage pour le test 007 !

OUI	NON	PEUT-ÊTRE

1
JAMES EST **ENTIER**

Alors que M. veut lui retirer sa mission de poursuivre Blofeld au début de la toute première histoire, James sort du bureau.

Moneypenny : « Cet entretien a été très court. Dites-moi comment une fille peut rester séduisante quand… »
Bond : « Prenez un petit mémo Moneypenny, s'il vous plaît. »
Moneypenny : « Prête, James… »
Bond : « Monsieur, j'ai l'honneur de vous prier d'accepter ma démission avec effet immédiat. »
Moneypenny : « Démission ? Mais de quoi ? »
Bond : « Du service secret de Sa Majesté. Et soyez gentille de présenter ceci à ce monument, enfermé là-dedans. »
Au service secret de Sa Majesté, 1969.

Faire des compromis ? Très peu pour lui. James est entièrement dévoué à sa tâche.

Comme lui, s'impliquer à 200 % dans ce que l'on fait, dans ce que l'on aime, est la seule garantie pour s'assurer le succès.

Il ne faut pas confondre les petits compromis nécessaires et les demi-mesures, comme il ne faut pas croire que les petits arrangements avec soi-même n'entraînent pas parfois la trahison de certaines valeurs et convictions que l'on a.

Quand James refuse de laisser choir par conviction, nous devrions faire de même.

Rien n'inspire plus le respect que les personnes qui restent fidèles à leurs idées, à leur but, comme à leurs idéaux.

Être entier dans notre vie quotidienne, comme dans notre travail, c'est l'assurance d'inspirer l'écoute et la confiance de nos collaborateurs comme de notre entourage. Et cela est tout aussi valable dans notre vie personnelle.

Qui fait confiance aux girouettes ?

Avez-vous envie de faire partie de celles et ceux qui suivent le vent qui tourne et s'y adaptent à tout moment ?

On m’a si souvent répété, il y a quelques années, qu’écrire n’était pas un vrai métier. Un travers bien français de dénigrer ce qui nous échappe, un travers bien français de juger, de condamner, avant même d’avoir écouté les aspirations qui constituent le moteur d’une vie.
Qui est-ce que je dérangeais en faisant cela, en « commettant » mes écrits comme une faute lourde pour l’avenir, même si à côté de cela je travaillais à multiplier les activités pour payer les factures qui, comme pour chacun, s’accumulaient.
Je ne faisais que bousculer les « petites cases » sagement rangées, celles dans lesquelles on voulait me voir, comme une image rassurante pour ceux qui m’assénaient leurs vérités premières.
Il est heureux aujourd’hui de voir ces mêmes regards, sans plus comprendre qu’hier, ne plus juger, et presque par moments, y déceler une pointe de fierté, presque d’envie.

Comme James, quitte par moments à donner l’impression dans le regard des autres d’être presque jusqu’au-boutiste, nous avons tout intérêt à rester entier, en phase avec nos motivations, nos idées.

Elles sont l'épine dorsale de la personne que nous sommes, notre véritable identité.

Et rien n'est plus précieux pour dessiner les contours de ce James qui bouillonne au fond de nous, que de rester fidèle aux idées et convictions qui nous ont construites jusqu'à aujourd'hui.

DANS LA TÊTE DE JAMES…

NE VENDEZ JAMAIS VOTRE ÂME AU DIABLE, IL NE VOUS PAIERA PAS.

2
JAMES ASSUME **QUI IL EST**

« Mon nom est Bond. James Bond. »
James, dans tous ses films.

Phrase iconique de James que l'on retrouve dans de nombreux films, telle une signature de la personne complexe qu'il est.

James assume qui il est, il ne se cache pas, il n'utilise pas de pseudo ou d'avatar, même quand on lui a fourni une couverture, qu'il sait par avance déjà compromise.
Quand de nos jours, les *trolls* et les *haters* se multiplient comme des cellules cancéreuses, bien cachés sur les réseaux sociaux, à quel moment assument-ils leurs propos ?

Mais en dehors de ces cas extrêmes, il est vrai qu'il est parfois difficile de tout d'assumer, de la personne que l'on est. Il y a des enjeux, une position sociale, un poste à tenir avec une image, des codes et des référents auxquels on doit souscrire, en fonction du milieu où l'on est né et en fonction du milieu dans lequel on vit.

On m'a récemment demandé pourquoi je ne sortais pas certains livres sous un pseudo, avec des réflexions du type : « Tu ne crois pas que tu vas perdre tes lecteurs ? » ou « Ça n'a rien à voir avec les chats ! » ou

encore : « T'es sûr ? Quand même pour ton image… c'est limite… »
La seule fois où j'ai utilisé un pseudo, c'était pour une question de position narrative, il valait simplement mieux, pour servir le propos, qu'il soit écrit et présenté par une voix féminine. Mais pour le reste, ai-je le droit d'avoir des envies, des goûts divers, aux antipodes parfois les uns des autres ?
Aucun d'entre nous n'est une sorte d'homme-tronc, lissé sans angle ni paradoxe ou fêlure. Aucun d'entre nous n'a à cacher certains goûts, plaisirs ou hobbies au prétexte que « ça ne colle pas avec le reste » de ce que l'on représente.

Nous sommes tous une somme d'expériences, diverses et variées, et nous pouvons tout assumer de la personne que nous sommes, et de celle que nous avons été.
Et même au-delà de ça, en assumant à travers notre nom, nos pensées et nos actes, la personne que nous incarnons, en réalité, nous augmentons la richesse de notre personnalité, de la valeur que nous avons aux yeux des autres. Quand eux souvent, continuent à cacher telle ou telle partie de leur intellect, de leur

nature profonde, derrière un pseudo ou une paire de lunettes de soleil.

Remplissez la phrase ci-dessous, et répétez-la régulièrement, jusqu'à ce que résonne en vous l'épaisseur de tout son sens, de son histoire et de la personne que vous êtes, dans toute sa diversité, réellement :

« Mon nom est… »

DANS LA TÊTE DE JAMES…

JE SUIS CE QUE JE SUIS,
ET J'ASSUME QUI JE SUIS.

3

JAMES, LE TOMBEUR **DE CES DAMES**

James Bond : « Ah tiens Bonne nuit, quelle bonne surprise. »
Bonne nuit : « Mon numéro de fille qui se fait tirer l'oreille n'a pas duré longtemps. »
James Bond : « J'ai été entraîné à prévoir l'imprévisible, mais jamais encore, à voir apparaître une créature en nuisette. »
L'homme au pistolet d'or, 1974.

Julietta : « Je vous ai mis la somme en chiffres ronds. »
James Bond : « J'apprécie énormément les rondeurs... »
Le monde ne suffit pas, 1999.

James a souvent été caricaturé - parfois à juste titre - comme un misogyne, à la limite du beauf. Une analyse en réalité un peu simpliste, de surface, vraie si l'on s'en tient seulement à quelques tirades malencontreusement placées dans la bouche de ceux qui l'ont incarné.

Mais en réalité, James aime profondément les femmes. C'est un séducteur oui, mais il les aime tout autant pour leur beauté que pour leur intellect, jusqu'à être capable d'en tomber amoureux fou pour certaines, jusqu'à être capable de faire table rase de sa vie, juste pour l'une d'entre elles.
James aime les femmes comme peu d'hommes les aiment, et la dernière incarnation de Daniel Craig en est le meilleur exemple.

Les James Bond Girls sont devenues au fil du temps plus que des conquêtes de passage pour James. Même si elles apparaissent par moments pour son pur plaisir, même si elles incarnent surtout une forme de « repos du guerrier » au début de la saga, elles sont devenues pour lui une source d'inspiration, une forme de mise en garde, d'instinct, de seconde voix qui le guide.

Bond est un grand amoureux des femmes, même si malgré tout, durant une longue période, il a endossé le rôle du misogyne. Il faut remettre cela dans le contexte de l'époque. Entre 1953 et 2020, beaucoup de choses ont changé concernant la position de la femme au sein de la société. Il faut également observer cette misogynie dans son contexte social, même si elle est condamnable. Dans le même registre, que penser de la manière dont sont traitées et mises en scène les femmes dans la cinématographie d'Alfred Hitchcock aujourd'hui ?

Mais déjà, dès 1963, dans le deuxième opus de James Bond : *Bons baisers de Russie*, Honey Rider, la seconde James Bond Girl, avait eu cette sortie à l'encontre de James dans le train, alors que ce dernier l'invitait à prendre le thé dans la voiture-restaurant, tout en lui claquant les fesses : « Certaines coutumes anglaises, à mon avis, auraient grand besoin d'être changées. »

Les temps ont changé et au fil des époques, plus que des conquêtes, les femmes de James sont devenues la conscience de James.

Il les collectionne, mais sans jamais leur faire de mal.

Il ne s'attache pas mais ne promet rien. James se veut intouchable, insondable, il reste distant, car il ne veut pas s'attacher ni s'engager. Même s'il lui arrive de tomber amoureux.

Il incarne le mythe du héros solitaire, libre comme l'air. Une solitude nécessaire pour mener à bien ses missions aux quatre coins du monde. Et, au regard des risques du métier, James pourrait-il se permettre de mettre en danger la vie d'une femme aimée ?
« La discipline double zéro sept, la discipline », se dit-il afin de ne pas prendre en filature une charmante jeune femme qui le double en voiture dans *Goldfinger*, 1965.

Et nous, hommes, mais aussi femmes, n'agissons-nous pas par moments comme James ? Avec cette légèreté vis-à-vis de la personne convoitée, même juste le temps d'une nuit, en attendant de caresser ce rêve de rencontrer la perle rare, l'être que l'on voudrait aimer à jamais ?

Avec un peu d'honnêteté, qui n'a pas rêvé dans sa vie d'être le tombeur de ces dames ? Comme le tombeur de ces hommes, mesdames ?
Qui n'a pas été à un moment de sa vie, au centre de tous les regards, de tous les désirs, ou qui n'a pas rêvé de l'être, comme James ?
Faut-il alors comme lui, cultiver le mystère, rester insaisissable, imprévisible, apparaître comme dans un rêve et disparaître dans un nuage, pour attirer à soi tous les fantasmes ?
Peut-être est-ce là une part du secret de séduction de James, une part dont nous pouvons nous saisir : au-delà de notre corps physique, devenir une présence, persistante, qui laisse une trace, un souvenir à toutes les personnes que nous côtoieront dans l'avenir.

DANS LA TÊTE DE JAMES…

JE N'AIME PAS LES FEMMES, J'AIME TOUTES LES FEMMES, POUR CE QU'ELLES SONT. TOUT CE QU'ELLES SONT.

À MÉDITER…

JEU DE SÉDUCTION

James tend un verre de Mojito à la jeune femme sortie de l'eau.

James Bond : « Jinx ? La poisse ? »
Jinx : « Parce que je suis née un vendredi 13. »
James Bond : « Vous êtes superstitieuse ? »
Jinx : « J'ai constaté que malheureusement mes amours ne durent jamais très longtemps. »
James Bond : « Je connais. Les grands prédateurs sortent généralement au coucher du soleil. »

Jinx : « Et pourquoi ça ? »
James Bond : « C'est l'heure où les proies viennent se désaltérer. Ça va ? C'est pas trop fort ? »
Jinx, en train de boire son Mojito : « Je crois que je finirais par aimer si j'avais le temps. »
James Bond : « Vous disposez de combien de temps ? »
Jinx : « J'ai toute la nuit. Pourquoi ? Pas vous ? »
Meurs un autre jour, 2002.

4
JAMES EST **PROVOCATEUR, DÉSARMANT**

Le Chiffre : « Entre nous, je n'ai jamais compris tous ces supplices élaborés. Il n'est rien de plus aisé que de faire souffrir un homme jusqu'au point de non-retour. Et bien sûr, à la douleur subite s'ajoute le fait que l'on sait que si l'on ne se soumet pas assez vite, on ne sera peut-être même plus identifiable en tant qu'homme. Une seule question demeure : vous soumettrez-vous à temps ?... Je veux l'argent. »

Le Chiffre frappe sous la chaise, James hurle de douleur.

Le Chiffre : « Le mot de passe, je vous prie… »
James Bond : « Ça me gratte, en dessous... vous voulez bien ? »

Le Chiffre frappe à nouveau.
James Bond : « Non, non ! Sur la droite ! Sur la droite ! Sur la droite ! »
Le Chiffre : « Vous êtes un vrai comique, monsieur Bond. »

Il le frappe à nouveau.
James Bond hurle en riant : « Oui ! Oui ! Oui ! Maintenant, le monde entier saura que c'est en me grattant les couilles que vous êtes mort ! »

Casino Royale, 2006.

James sait jouer d'humour et de légèreté même dans les pires circonstances.
Alors qu'il est nu, attaché sur une chaise en train de se faire torturer, James se permet encore ce trait d'esprit en serrant les dents.
Face à ses ennemis, l'humour lui permet de les déstabiliser et de les décontenancer. Ainsi, même en position de faiblesse, il peut reprendre la main.
Il est peu probable que nous nous retrouvions dans une position aussi « délicate » que la sienne. Pour autant, il peut nous arriver à tous de nous retrouver à un moment acculé, jugé, condamné, sans moyen de nous défendre, et sans pour autant être fautif.

Faut-il alors courber l'échine, tenter de nous excuser, de nous effacer en espérant au fond de nous que l'orage passe, que les coups portés s'amenuisent ?
Faut-il ployer le genou devant l'injustice, quand de toute manière, les accusations continueront de pleuvoir pour nous mettre à terre ?

Que ce soit avec ses collaborateurs comme avec ses ennemis, James joue d'humour pour prendre du recul et apporter une touche de légèreté à une situation ; ainsi, il dédramatise.

Il parvient de cette manière à démonter l'assurance, les arguments comme la force de ses détracteurs.

Et cet humour, ce cynisme sorti de nulle part dans une situation telle que celle-ci lui permet de relever la tête malgré les coups, et surtout de ne pas donner prise à ses ennemis.

Oui, à user d'humour dans les situations critiques, nous pouvons, comme James, reprendre la main sur la partie qui se joue, car aucun de nos détracteurs ne s'attendra à un tel sursaut de courage et de hauteur de vue sur la situation.

La torture comme les abus de pouvoir peuvent prendre toutes les formes, tous les degrés, tous les états.

Du vampire psychologique au pervers narcissique dans notre vie personnelle, au harcèlement moral dans notre vie professionnelle, il faut toujours se souvenir que l'humour permet de désarmer tous les chefs à petits pieds.

L'humour décalé permet de s'extraire de la situation, et d'ôter psychologiquement toutes les emprises que notre ennemi pense avoir sur nous. Il nous voyait comme sa marionnette, mais l'humour vient d'en couper tous les fils.

À cet instant-là, comme James, il ne nous reste plus qu'à reprendre la main, et à renverser la situation avec un grand sourire.

Petit souvenir au passage pour vous montrer qu'à tous les étages, quelle que soit l'importance de la situation, l'humour peut sauver parfois. Prenons ce simple cas d'école, c'est le cas de le dire, où notre professeure de mathématiques prenait un malin plaisir à torturer chaque jour les jeunes demoiselles au tableau jusqu'à ce qu'elles s'effondrent en larmes. Bien mal lui en pris lorsque, se sentant très en verve, venimeuse, elle s'en prit à moi.
Elle envoya au tableau moultes étudiantes (sa cible favorite) pour résoudre une équation qu'elle savait au-delà du niveau juste pour créer l'échec. En pleine discussion avec un collègue redoublant en fond de classe, elle m'interpella :

« M. Garnier, au tableau. »
Je me suis levé en traînant les pieds avec une motivation potache n'ayant rien à envier au plus bel album de Titeuf. Et, après avoir parcouru du regard deux amies en larme au premier rang, qui venait de se faire essorer par la marâtre, je me suis planté devant l'équation.
« Alors ? Je vous écoute. »
J'ai pris une craie, j'ai jeté un œil sur l'équation, et je me suis mis à jouer avec la craie en la faisant sauter dans ma main. Je la sentais bouillir. J'avais au coin des lèvres ce petit rictus qui fait bondir les professeurs imbus de leur pouvoir.
Je restais planté là, à faire sauter la craie, en souriant, me retournant vers la classe, ce petit public, qui je le sentais, criait « vengeance » en silence, tétanisé par une peur sans fondement. Je les entendais ricaner à me voir, et la marâtre au bord de l'explosion hurla :
« Ça suffit ! Alors ? On rigole moins maintenant ! »
Je l'ai regardé fixement avec ce même sourire, jouant avec la craie. Elle s'est avancée menaçante : « Vous savez M. Garnier qu'on peut échouer à son bac deux fois d'affilée ! »
« Oui ! Même trois ! Ça arrive… », lui ai-je répondu poliment dans un large sourire.

Éclats de rire dans la classe.

Elle reprit : « Ça suffit ! Vu votre attitude et votre niveau apparemment, je m'occuperai de votre dossier scolaire personnellement ! »

La « menace » suprême qui faisait trembler tous les étudiants venait de tomber.

Moi, ironique : « Ah ça ? C'est pour ça que… », dis-je en désignant l'équation.

Avant qu'elle ait eu le temps d'ouvrir la bouche, j'ai résolu son équation en quelques secondes, une équation qu'en tant que redoublant, et pour avoir eu un excellent professeur l'année précédente, je connaissais par cœur. J'ai jeté la craie et suis retourné m'asseoir en faisant un clin d'œil à mon amie.

« Attendez… », tenta-t-elle tout en parcourant les lignes. J'étais déjà assis, elle fulminait, la cloche a retenti.

DANS LA TÊTE DE JAMES…

NUL N'A POUVOIR SUR MOI TANT QUE JE NE LUI DONNE AUCUNE PRISE.

5
JAMES EST **IMPITOYABLE SI NÉCESSAIRE**

Vesper Lynd : « Vous déconnectez toujours aussi vite ? Ça ne vous fait rien de tuer toutes ces personnes ? »
James Bond : « Je ne serais pas un très bon agent si c'était le cas. »
Vesper Lynd : « Je ne vous crois pas. Vous avez le choix, vous savez. Ce n'est pas parce qu'on l'a fait qu'on est obligé de recommencer. »
James Bond : « Pourquoi ceux qui ne peuvent pas suivre les conseils tiennent à en donner ? »
Casino Royale, 2006.

James Bond : « En général, je déteste tuer un homme sans défense. Un meurtre de sang-froid, vilaine besogne. »
Renard : « Je suis fatigué d'être exécuté. »
James Bond : « Mais envers vous, je n'éprouve rien. Tout comme vous. »
Le monde ne suffit pas, 1999.

Pour James, tendre l'autre joue quand on vient de le gifler ? Ce n'est pas trop sa tasse de thé !
Mais d'ailleurs pour qui cela l'est-il sincèrement ?
Personne ! Absolument personne, soyons honnête !

La société nous demande si souvent de faire preuve d'écoute, de compréhension, de compassion… Jusqu'à finir par tolérer l'intolérable. Et nous baignons dans une culture et une forme de société où le pardon doit l'emporter sur la vengeance…
Il est vrai que cultiver la haine et la colère envers ses ennemis n'est jamais utile pour notre bien-être personnel. Pour autant, faut-il se laisser faire et ne rien dire ?

Il ne s'agit pas comme James de dessouder un à un nos ennemis, bien entendu, mais de les traiter comme ils nous traitent, sans que cela ne devienne un objectif, ni que cela ne pèse ni ne compte dans nos vies.
Entre ne pas se faire marcher dessus et être impitoyable, il y a une marge, et de quoi s'inspirer de l'attitude de James pour, à l'avenir, ne plus se laisser écraser dans nos vies par ceux qui abusent de nous.

Je n'étais alors qu'étudiant en audiovisuel quand j'ai décroché un de mes premiers jobs dans le métier, à la production d'une radio, trop connue pour en faire la publicité. Bombardé quelques jours plus tard à la réalisation d'un programme court journalier, le producteur en charge étant malade, je me suis investi à 200 % en temps et en énergie dans cette opportunité. Après plus d'un mois à presque avoir planté ma tente dans les locaux, le directeur de production me félicite publiquement, et annonce qu'exceptionnellement, il va rémunérer un stagiaire qui, comme il s'en gargarisait avait « décroché la palme d'or ». (Pour les plus jeunes, à l'époque, aucun stagiaire n'était rémunéré, et c'était déjà une chance de pouvoir accéder à ce type de poste en travaillant gratuitement.)

Un budget de 1 500 francs (soit tout juste 225 euros) allait donc être royalement débloqué pour ma pomme, pour avoir fait le job d'une personne faisant le même boulot, mais pour 15 000 francs. (Il n'y a pas de petit profit.)

Malgré tout, compte tenu de ma vie d'étudiant, j'étais ravi…

Au moment de laisser mon poste à celui que j'avais remplacé, j'ai naïvement pensé que ces glorieux 1 500 francs allaient m'être versés...
Le directeur était absent, et je suis revenu à plusieurs reprises pour voir ce qu'il en était. Je me suis finalement rendu à la comptabilité, le montant était bien sorti des comptes, mais au nom du directeur de prod... Que je n'ai par la suite jamais pu recroiser, comme ce maigre chèque, mon badge de sécurité ayant été désactivé.
Deux ans plus tard, alors que je venais d'intégrer un poste dans un studio d'enregistrement à Miami, je reçois un message via la France de ce cher directeur. Il me proposait royalement – il fallait quand même oser - de venir faire des copies de CD (non, le MP3 n'existait pas encore !) dans sa microstructure qu'il avait montée, suite à son licenciement comme directeur de prod de la radio.
J'ai souri, je l'ai rappelé et lui ai dit : « Je vous appelle de Miami, j'entre en studio demain pour le dernier album de Jon Bon Jovi. »
Il y eut un long silence au bout du fil.
« Je comprends que cela ne vous intéresse pas alors... », bafouilla-t-il.
En effet. On récolte ce qu'on sème.

Comme James, il arrive un moment, par instinct de survie, où l'on se doit de traiter avec indifférence et dureté, sans l'once d'une pitié, ceux qui tentent par leurs mots ou leurs actes de nous nuire.
Rien ne sert pour autant de ruminer sa vengeance, car la colère est mauvaise conseillère. Rien ne sert non plus de perdre notre temps à ébaucher des plans et une stratégie de combat pour rendre la pareille, ce serait accorder bien trop d'importance à ceux qui tentent de nous faire du mal ou d'abuser de notre confiance.

La solution viendra d'elle-même, car la Nature s'occupe toujours de réparer les déséquilibres et les injustices. Le moment vient toujours de récolter les raisins de la vigne comme de la colère, en bien comme en mal, et à cet instant-là, sans avoir eu besoin de fomenter quoi que ce soit, la Vie elle-même se chargera d'être impitoyable. Il ne restera alors qu'à regarder le spectacle avec indifférence, d'un œil de glace.

DANS LA TÊTE DE JAMES…

GENTILLESSE N'EST PAS FAIBLESSE.
CRAIGNEZ MON SOURIRE.

6

JAMES SAIT
DÉSTABILISER ET SURPRENDRE

« Veuillez m'excuser. Cette dernière main a failli me tuer ! »
James Bond au Chiffre, *Casino Royale*, 2006.

James Bond : « Dominer le monde, toujours le même vieux rêve. Nos asiles sont pleins de pauvres types qui croient être Napoléon, ou Dieu. »
Dr No : « Vous persistez à vouloir me provoquer, M. Bond. N'oubliez pas que j'aurais pu vous tuer quand vous étiez dans les marais. »
James Bond 007 contre Dr No, 1962.

Alors qu'il vient de frôler la mort par empoisonnement dans *Casino Royale*, il se remet à la table de poker, face au Chiffre, le commanditaire de cette tentative de meurtre, sans perdre une seconde de son sang-froid ni de son flegme britannique.

Rares sont ceux parmi nous qui pourraient être victimes d'une tentative d'assassinat, mais il arrive souvent que nous nous retrouvions à la table de nos ennemis, ou *a minima* dans l'entreprise, face-à-face avec ceux qui tentent de nous marcher dessus pour nous voler un client ou prendre notre place.
Et si comme James, nous faisions face à nos ennemis avec le même calme que lui, plutôt que de fuir, de ruminer une colère sourde, de se défendre avec force ou de préparer son attaque ?

Savoir garder son calme est souvent plus efficace pour déstabiliser l'ennemi. Et pour peu qu'on y ajoute, comme James, un petit sourire en coin ou une dose d'ironie, celui qui nous fait face se trouve d'autant plus décontenancé par cette confiance en nous, qui lui laisse alors présager du pire.

Si vous vous retrouvez en conflit dans le cadre de votre domaine professionnel par exemple, qu'on en veut à votre place, qu'on vous tend des pièges, ne rentrez en aucune manière dans le jeu de votre adversaire. Jouez votre partie. Créez le doute dans sa tête en imposant votre calme.

Quand le doute est là, la force du danger s'écroule. Le point de bascule du conflit se met alors à pencher en votre faveur en cultivant ce calme et ce sourire. Qui sait quel atout vous possédez dans votre manche pour ainsi rester stoïque ? Qui sait si même vous avez un atout ? Personne, à part vous.
Tel est le pouvoir du bluff et de la déstabilisation que nous pouvons utiliser à tout instant, pour comme James, reprendre la main sur la partie.

DANS LA TÊTE DE JAMES…

PERSONNE NE PEUT M'ABATTRE.

LE JARDIN SECRET DE JAMES

NE ME DEMANDEZ PAS DE DISCERNER
LE BIEN DU MAL.
DEMANDEZ-MOI DE FAIRE CE POUR QUOI
JE SUIS FAIT.

7

JAMES EST LOYAL, FIDÈLE À SES ENGAGEMENTS

James Bond : « Ce que je ne ferais pas pour l'Angleterre… »
On ne vit que deux fois, 1967.

James Bond : « Q, maintenant que vous pouvez savoir où je me trouve à tout moment, vous pourriez me rendre un service ? »
Q : « Qu'avez-vous derrière la tête ? »
James Bond : « Faites-moi disparaître. »
Q : « Je vous rappelle que je suis sous l'autorité directe de M. J'ai un prêt immobilier ainsi que deux chats à nourrir. »

James Bond : « Ah, dans ce cas je vous conseille de vous fier à moi, pour l'avenir de vos chats. »
Spectre, 2015.

La loyauté fait partie des grandes valeurs de James. Une denrée rare de nos jours ne trouvez-vous pas ? Que ce soit au travail, en amour ou en amitié… Savoir rester fidèle à ses engagements vaut presque aujourd'hui qu'on vous remette la médaille du mérite ! Nous vivons aujourd'hui dans une société où la parole que l'on donne a été complètement dévalorisée. Sur qui compter ? Peut-on encore croire en ce qu'on nous raconte ?

Il y a peu encore, il suffisait de se serrer la main pour s'engager personnellement. Le contrat de confiance était respecté, la parole donnée avait une valeur.
Il est regrettable de vivre aujourd'hui dans un système devenu complètement procédurier.
Pour autant, il arrive encore de rencontrer des personnes qui respectent ce contrat moral. Cela m'est arrivé ces dernières années, que ce soit pour des transactions ou des contrats professionnels.
Faire ce que l'on dit, tenir parole, être une personne de confiance, c'est un système de vie qui se construit avec des personnes qui sont aussi loyales que vous.

Pour ma part, j'évite autant que possible de travailler ou de frayer avec des personnes qui n'ont aucune loyauté. Cela ne m'a amené que déceptions et projets avortés.

La confiance s'offre, se gagne, si tant est que l'on choisisse avec précaution les personnes avec qui la partager.

Ce qui est magique dans ce système, c'est le bien-être à vivre, faire et travailler. On y retrouve un plaisir qu'on croyait disparu à jamais.

Ce qui est le plus étonnant lorsque vous appartenez à un groupe, une association, une assemblée, c'est qu'être une personne loyale, de confiance, se sait. Et alors, comme par enchantement, tout le monde veut partager quelque chose ou travailler avec vous dès cet instant.

C'est une valeur et un engagement rare que la loyauté de nos jours, une valeur qui attire, quand beaucoup se contentent d'user d'opportunisme et de papillonner.

Soyez de ces personnes, vous en serez remercié, et vous n'en serez que plus heureux dans tous les aspects de votre vie.

Souvenir personnel et pensée pour ceux qui ont connu cet instant : il arrive que l'on puisse tout perdre à un moment dans sa vie. Mais si l'on a su préserver la valeur de notre parole, alors on pourra rebondir. Car même en n'ayant plus rien, l'entourage pourra nous faire confiance et nous aider, en se fiant uniquement à notre loyauté et à la valeur de la parole donnée. On peut tout perdre, on peut tout nous prendre, mais jamais la droiture de la personne que l'on est.

DANS LA TÊTE DE JAMES…

RIEN N'EST PLUS PRÉCIEUX QUE LA PAROLE DONNÉE.

8
JAMES EST **IMPERTINENT**

James Bond : « Est-ce que nous tiendrons l'air, dans cette montgolfière ? »
Q : « On est plus lourd que l'air… »
James Bond : « La lourdeur, ça vous connaît… »
Le monde ne suffit pas, 1999.

Scaramanga : « Nous sommes totalement autonomes. […] Naturellement, nous avons de quoi faire face aux dépenses d'électricité ici. »
James Bond : « Ça devrait faire marcher pas mal de vibromasseurs. »
L'homme au pistolet d'or, 1974.

Si James respecte en général les directives de ses supérieurs et de ses collaborateurs, il a toujours eu un léger problème avec la hiérarchie.
Le doigt sur la couture du pantalon, ce n'est pas pour lui.
Pour conjuguer la nécessité de rentrer dans le moule de sa fonction tout en préservant son entière liberté d'agir et de penser, James est souvent impertinent. C'est une forme de soupape de sécurité pour ce personnage tout aussi libre qu'indomptable, qui met son talent au service de la collectivité.
L'impertinence est une forme de rébellion légère et permanente qui peut nous permettre de supporter un cadre professionnel ou personnel qui ne nous sied pas toujours, sans avoir à le subir.
Elle peut nous permettre également de nous repositionner dans une hiérarchie.

Comme James, on peut avoir conscience de sa place, tout en se remettant sur un pied d'égalité intellectuel avec un supérieur, quand celui-ci n'a pas toujours les galons de son grade. Rien de pire en effet que de recevoir des ordres de personnes moins compétentes que vous… Qui n'a jamais connu cette situation ?

Un peu d'impertinence permet de prendre un peu de recul par rapport à ce rond de cuir avec qui, malgré tout, vous devez composer, tout en vous permettant quelque part de vous faire remarquer, et de peut-être un jour prendre ce siège pour lequel vous êtes beaucoup plus compétent que lui.
Impertinent, irrévérencieux jusqu'au bout des ongles, dans *L'homme au pistolet d'or*, quand Scaramanga lui dit : « Vous, vous travaillez pour rien. Vous entendez "Bien joué", tomber de la bouche de Sa Majesté, puis vous recevez une obole. Nous sommes pareils à ce détail près. À nous monsieur Bond, au nec plus ultra. » Et James de répondre : « J'en ai vu qui avaient la tête comme des montgolfières, mais des comme vous, jamais ! »
Impertinence n'est pas impolitesse, elle est la signature d'une liberté d'être non négociable.

DANS LA TÊTE DE JAMES…

UN PEU D'IMPERTINENCE NE NUIT JAMAIS, SURTOUT QUAND ELLE PERMET DE REMETTRE LES PENDULES À L'HEURE.

9
JAMES SUIT
SON INSTINCT

« Du vin rouge avec du poisson, j'aurais dû me méfier d'une pareille hérésie. »
Bons baisers de Russie, 1963.

M : « Attention où nous mettons les pieds. Graves a des politiques dans ses relations. »
James Bond : « Heureusement que je suis en dehors de ça. »
M : « Je pense que vous êtes de nouveau opérationnel. »
James Bond : « Alors il est peut-être temps de me laisser faire mon travail comme je l'entends. »
Meurs un autre jour, 2002.

Même s'il doit aller contre sa hiérarchie, si l'ordre lui semble injuste ou hors de propos du véritable enjeu, il n'hésitera pas à suivre son intuition afin de remplir sa mission.

Dans nombre de ses aventures, James se joue des ordres et des règles quand cela est nécessaire. Seul l'objectif de sa mission importe, et ne pouvant compter que sur lui, c'est à son instinct qu'il se fie.
Et si l'on appliquait à la lettre cette façon de faire dans nos vies ? Ne suivre que notre instinct, en tout, pour tout ? Avez-vous déjà essayé ?
Ne pas choisir avec raison, mais simplement en suivant sa petite voix intérieure… Cela ne relève pas de la pulsion, mais de la confiance que l'on a en nous. Car cette petite voix, cet instinct, n'est pas un caprice, mais le mélange, la synthèse de tous nos apprentissages depuis que nous sommes nés, et d'un ressenti qui nous aiguille dans la bonne direction à suivre pour nous.
Nous connaissons si souvent au fond de nous la bonne manière d'agir, et pourtant, nous nous écoutons si peu. Préférant suivre les conseils, la « bonne manière de faire », la voie à prendre, le processus instauré, la logique… Quant au bon sens, quant à notre bonheur,

quant à ce qui est fait pour nous, pour le mieux… Cet instinct qui nous invite au meilleur, nous le croyons si peu.

Autant d'échecs souvent, autant de temps perdu pour au final se dire au fond de soi : « J'en étais sûr… »
La « bonne manière de faire » n'est qu'une généralité, rarement valable, adaptable ou optimisée pour chaque cas individuel, car pas une situation ne se ressemble.

Quand j'ai acheté le bateau sur lequel j'écris à l'instant ces quelques lignes, la plupart des gens qui me connaissaient m'ont pris pour un doux rêveur. C'était une épave, une ruine, je n'y connaissais rien en bateau, et un yacht en plein Lyon, avait tout sauf sa place parmi les péniches.
Pourtant, alors qu'il était sorti de l'eau, en cale sèche, la coque pleine de trous, je me suis accoudé sur la rambarde de la coursive. Devant moi, le décor était celui d'un chantier naval, plein de grues et de containers en train de rouiller sous la pluie.
L'espace d'un instant, je me suis cru sur le « Love boat » de la série « La croisière s'amuse », c'en était fait.

Cette vieille dame des mers allait devenir ma nouvelle maison, contre tous les avis, les idées reçues, ma méconnaissance du sujet et même les expertises. Juste en suivant cette petite voix qui me disait : « Bienvenue chez toi. »
Six mois plus tard, elle avait fait peau neuve, on l'a remis à l'eau, les moteurs à l'arrêt de longue date ont vrombi au quart de tour, et je me suis installé au milieu de l'acajou des cabines et des coursives, avec, pour elle comme pour moi, une nouvelle vie pour les six années qui ont suivi.

Comme James, nous pouvons écouter, connaître les règles, tenir compte des conseils comme autant de données à intégrer pour composer nos décisions. Mais au final, nous ne devons écouter que notre instinct, ce que l'on sent, même sans que l'on puisse l'expliquer rationnellement. C'est la seule règle qui compte, quel que soit le domaine, professionnel ou privé. Seul notre instinct doit être suivi, car seul notre instinct sait.

DANS LA TÊTE DE JAMES…

SEUL MON INSTINCT SAIT CE QU'IL Y A DE MEILLEUR POUR MOI.

LOIS DE JAMES SUR LA VIE

**RENIER SA NATURE PROFONDE,
C'EST SE RENIER SOI-MÊME.
C'EST NE PAS REMPLIR LA MISSION
POUR LAQUELLE ON EST NÉ.**

10

JAMES EST CALME, **IL NE PERD JAMAIS SON SANG FROID**

Bond à deux hommes menaçants en sortant du pipeline.
« Bonjour, j'étais en train de promener mon rat et je me suis égaré. »
Les diamants sont éternels, 1971.

Le Chiffre : « Vous avez changé de chemise, monsieur Bond. J'espère que notre petite partie ne vous donne pas de sueurs froides. »
James Bond : « Un peu. Mais je ne m'inquiéterai que si je commence à verser des larmes de sang. »
Casino Royale, 2006.

Toujours rester zen, calme, même dans la situation la plus inextricable, tel est l'un des grands talents de James.
Il parvient à se maîtriser, à canaliser l'adrénaline qui monte et à la mettre à son service.

Cela peut paraître insensé, on peut se dire : « Il ne s'agit que d'un film ! »
Bien au contraire, dans nombre de situations où James garde son calme, son flegme britannique, cela lui permet de trouver une échappatoire, une brèche dans la garde de ses ennemis. À ce moment-là, ils ne se méfient pas, quand lui est prêt à bondir.

Garder notre calme est certainement l'une des armes les plus indispensables devant le danger ou les situations de crise.
Quand la panique peut nous désarmer, être capable comme dans un film, comme dans la peau de James, de ne pas montrer le moindre signe de peur, de faiblesse, de fragilité, permet de déstabiliser l'ennemi.

Nous entendons souvent aujourd'hui, que ce soit dans une rixe de bar ou avant l'entrée d'un conseil d'administration d'entreprise : « Tu vas voir, je vais lui mettre un coup de pression ! »

Le « coup de pression » ne mise que sur la crainte, la peur qu'il peut induire, la menace de conséquences… Mais le « coup de pression » retombe comme un soufflé devant un adversaire qui garde son calme et qui, souvent, sans avoir besoin de ne rien dire, se contente de sourire.

En toute circonstance, savoir garder son calme reste un bouclier comme une arme, que peu de moyens adverses peuvent venir déborder.

DANS LA TÊTE DE JAMES…

RESTEZ CALME, LE RESTE SUIVRA.

11
JAMES EST **CHARISMATIQUE**

M : « Bond, je ne peux pas demander à un bulldozer de comprendre ça, mais l'arrogance et l'introspection font rarement bon ménage. »
James Bond : « Vous voudriez que je me fasse mi-tueur, mi-moine ? »
Casino Royale, 2006.

Agent indien : « Il paraît que cette île est pleine de femmes superbes. L'homme y est interdit. »
James Bond : « Voyez-vous ça ? Sexisme et discrimination. Il va falloir que j'aille y faire une petite visite. »
Octopussy, 1983.

Insaisissable, complexe, secret, quand James entre dans une pièce, on ne voit plus que lui. Il inspire l'admiration et le respect que ce soit dans son entourage professionnel, avec ses proches, mais aussi chez ses ennemis.
C'est un personnage haut en couleur qui n'a besoin que de peu d'artifices ou de mots pour être remarqué.

Ce charisme que nous pouvons tous développer, il le tire en grande partie de sa confiance en lui. Cette confiance qui nous fait tant défaut par moments.
En réalité, avoir une personnalité irradiante et un charisme tel que James, est-ce un don ? Un don avec lequel on est né ?
Il est facile de se dire que oui, c'est plus confortable… Mais à bien y regarder, le charisme est un état, une somme d'attitudes que nous pouvons cultiver.

Nous ne naissons pas tous avec les mêmes armes en ce domaine et, typiquement, le fait que James soit un orphelin l'a forcé à devoir s'affirmer plus tôt et plus vite que les autres dans la vie, car il fut moins protégé. C'est une carence qui s'est transformée en force vive, comme j'ai pu l'observer chez deux proches dans

la même situation. Deux orphelins ayant dû jouer des coudes pour se faire une place dans la vie, et qui aujourd'hui possèdent, comme James, cette personnalité irradiante et magnétique. C'est un élément spécifique à James, un accélérateur, mais beaucoup d'autres éléments participent à la construction d'une personnalité charismatique.
On retrouve souvent des éléments communs à ce genre de profil. Ils sont sûrs d'eux, de ce qu'ils disent, ils n'hésitent jamais. On dirait qu'ils sont faits d'un seul bloc, taillé dans un même rocher. Une personnalité bien loin d'un puzzle, et très proche d'un diamant taillé.

Le charisme n'est pas le « style », ce n'est pas du chiqué, c'est une nature profonde imprégnée de confiance en soi, qui remonte en surface dans toutes nos attitudes.
La sincérité de nos paroles, de nos actes et de nos moteurs de vie participe également grandement à la construction du charisme.
Oui, le charisme ne supporte pas le mensonge, car il crée une fêlure dans la bulle qui émane de nous.

Prenons un exemple concret : celui d'un commercial avec lequel je travaillais en agence de communication. Comment pouvait-il irradier de sincérité et donc de charisme ses nouveaux prospects, lorsqu'il effectuait chaque jour sa tournée commerciale en déambulant, un peu mal à l'aise, dans un costume mal taillé et élimé (car détestant ce style vestimentaire), alors que toute sa vie s'exprimait d'une autre façon ?
Il faut bien « manger », me dira-t-on, mais pour un passionné de montagne, de sport de plein air, habitué à passer son temps en tenue de sport… Étriquer et étouffer ainsi son être en se déguisant de cette manière chaque jour, c'était à coup sûr museler tout son charme et son charisme. Et, par voie de conséquence, toute sa capacité à convaincre de nouveaux clients.

On ne peut irradier, être charismatique, qu'avec ce que l'on est, au plus profond de soi, sans mentir aux autres dans ce que l'on montre, en commençant par ne pas se mentir à soi-même.
La hauteur de vue, la prise de recul sur les événements, la capacité à canaliser nos émotions et à préserver notre calme participent aussi à construire cet état.

Autant de facettes et de talents de James que nous allons décortiquer ensemble dans cet ouvrage, car oui, on ne naît pas charismatique, mais on le devient en fonction des valeurs piliers que l'on aura choisi, comme James, de creuser au fil des années, et de cultiver par la suite tout au long de sa vie.

DANS LA TÊTE DE JAMES…

LE CHARISME, C'EST ÊTRE SOI, SEULEMENT SOI, ENTIÈREMENT SOI.

12
JAMES EST DÉSINVOLTE

Bond : « Pour moi, l'opération à Crab Key, ça me reposera un peu. »
L'américain : « De quoi ? Des femmes ? »
Bond : « Non, d'être une cible au tir au pigeon ! »
James Bond 007 contre Dr No, 1962.

James Bond : « Nous sommes mariés... Nous partageons donc une suite. »
Vesper Lynd : « Et ma famille est strictement catholique, alors, pour les apparences, nous aurons une suite avec chambre séparée. »
James Bond : « J'ai horreur que la religion s'interpose à ce point ! »
Vesper Lynd : « La religion est une porte fermée à double tour, dois-je m'attendre à un problème avec vous ? »

James Bond : « Non, aucun risque, vous n'êtes pas mon type... »

Vesper Lynd : « Perspicace ? »

James Bond : « Célibataire. »

Casino Royale, 2006.

L'avenir arrive toujours assez vite, alors pourquoi se soucier d'un lendemain dont on ne connaît rien ?
Telle est l'une des devises de James, quand on sait qu'il vit au fil des événements, et qu'il met son existence en jeu à chaque instant.
Sa désinvolture lui permet de dédramatiser, d'avoir une vision globale sur les risques qu'il prend en permanence.

En sommes-nous si souvent capables ? Quand souvent, nous nous rongeons les sangs à imaginer un conflit potentiel à venir avec notre conjoint, nos enfants, notre hiérarchie ? Combien d'heures avons-nous tous passées, à parfois imaginer le pire, alors qu'une fois devant les faits, nous nous sommes rendu compte qu'il n'y avait vraiment pas de quoi s'en faire à ce point-là ?
Oui, nous sommes tous soumis par moments à des angoisses que nous créons de toutes pièces, à force de tourner et de retourner une situation en tous sens et d'en extrapoler souvent le pire.

Et que dire du soir, dans le noir, au fond de notre lit, quand le petit vélo de l'imaginaire se met en marche, nous empêchant de fermer l'œil de toute la nuit ?
Nous nous faisons parfois beaucoup de mal à nous soucier d'un lendemain qui n'existe pas encore. Un lendemain dont nous oublions parfois que nous en sommes l'acteur principal, et que c'est de nous que dépend souvent la tournure que vont prendre les événements. Même si on ne les maîtrise pas, on peut *a minima* ne pas s'en rendre malade des jours avant, et surtout, garder notre contrôle et la manière dont nous les appréhendons à l'instant où ils arrivent.

Un peu de légèreté dans notre quotidien comme dans nos responsabilités, simplement de quoi reprendre notre respiration, sourire de ce qu'il peut advenir et préserver notre bien-être et notre sommeil.
Il ne sert à rien, comme nous l'enseigne James dans son attitude et son recul sur les événements, de prendre trop à cœur des phénomènes ou des situations sur lesquels nous n'avons aucune prise.

De plus, il ne faut jamais oublier qu'à force de penser au pire, nous pouvons modifier le cours des choses en ce sens, car la projection que nous créons d'un événement participe à modeler l'avenir et la manière dont nous nous y intégrerons.
Il n'est peut-être pas utile de devenir les bâtisseurs de difficultés à venir... Quand bien même elles n'auraient peut-être jamais existé.

Que faire alors quand le doute s'insinue en nous, qu'il se met à tourner en boucle et nous entraîne dans un tunnel de pensées dont on ne parvient à sortir ?
J'utilise pour ma part une méthode simple : me souvenir de certaines situations du passé que je croyais à l'époque sans issue, alors qu'elles n'étaient que passagères.
Des problèmes qu'il a fallu résoudre, et dont les solutions se sont présentées d'elles-mêmes le moment venu.
Il n'est jamais rien de perdu ni de définitif, c'est ce que nous apprennent toutes les difficultés de la vie.

Se souvenir des ornières dont nous nous sommes sorti hier, de ce que l'on pensait être des montagnes à gravir, quand il ne s'agissait que de collines, nous permet de prendre du recul sur ce présent qui nous paraît parfois insurmontable, en nous disant que demain, grandis, nous en sourirons.

DANS LA TÊTE DE JAMES...

AUJOURD'HUI SUFFIT. DEMAIN N'EST QU'UN AUTRE AUJOURD'HUI.

À MÉDITER...

TOUT EST RELATIF

Moneypenny : « Vous êtes en retard ! »
James Bond : « Oui, des salopards sur la route ne respectent plus la priorité. »
Moneypenny : « Salle de conférence. Il me semble que ça barde, tous les double zéro présents en Europe ont été convoqués d'urgence, le ministre de l'Intérieur est là aussi. »
James Bond : « Sa femme a perdu son chien sans doute. »
Opération tonnerre, 1965.

13
JAMES EST **SÛR DE LUI**

Vesper Lynd : « Je compte bien garder l'œil sur l'argent de l'État plutôt que sur votre exceptionnel petit cul ! »
James Bond : « Vous avez remarqué ? »
Casino Royale, 2006.

Maximilian Largo : « Est-ce que vous perdez aussi gaiement que vous gagnez ? »
James Bond : « Je ne sais pas, je n'ai jamais perdu. »
Jamais plus jamais, 1983.

La confiance en soi crée les conditions de la réussite. Être sûr de soi, c'est avoir déjà parcouru la moitié du chemin vers le succès.
James incarne cette philosophie, cet état d'esprit. Une confiance absolue en lui et en ses capacités l'amène toujours, même sur le fil, à la réalisation de sa mission.

Vous me direz, c'est du cinéma. Oui, mais c'est beaucoup plus que cela. C'est l'incarnation d'un état d'esprit que l'on retrouve chez les grands inventeurs, les grands entrepreneurs, les grands sportifs, pour qui l'échec n'est pas envisageable.
Ce qu'on appelait hier avoir « la baraka », et aujourd'hui « la gagne » ou « la win », n'est en réalité que le résultat d'une forme et d'une tournure d'esprit orientées vers le succès.
On entend souvent dire que certaines personnes attirent la malchance, quand d'autres gagnent à tous les coups, et sur tous les tableaux. Est-ce réellement un coup du sort, un hasard ?

À bien observer et écouter ces deux types de personnes, souvent, on se rend compte qu'ils cultivent les uns comme les autres une psychologie qui les amène tout

réussir pour les uns et à cumuler les problèmes et les échecs pour les autres.
Être sûr de soi et réussir est un conditionnement mental, tout comme douter de tout, craindre et échouer en est un.
Se répéter sans cesse, comme je l'ai entendu, des phrases du type : « De toute façon, pour moi, ça foire tout le temps », « Quand il y a une merde, c'est toujours pour moi », « J'ai la poisse, cherche pas », ou « Je n'y arriverai jamais », ne fait que conditionner notre mental à l'échec. Le cerveau accepte d'avance d'échouer, de rater, et s'y prépare. Mais pire que cela encore, avec une telle forme de pensée, nous créons nous-mêmes les conditions de l'échec, en nous conditionnant à mal faire, mal dire, à avoir le mauvais geste. Il faut plus souvent se méfier de nos pensées que douter de nous, car en cultivant pas à pas notre confiance en nous, nous construisons nos succès à venir.

Croire en sa bonne étoile, c'est aussi croire en soi. Et pour ceux jouant régulièrement de malchance, sachez que rien n'est définitif. Nous pouvons tous changer et inverser la tendance en changeant d'état d'esprit.
Nous attirons naturellement ce que nous désirons,

si tant est que nous cultivions la bonne habitude de gagner et de réussir et non celle de perdre.

Pour inverser un mauvais processus, il faut se lancer régulièrement de petits défis à soi-même, très simples au départ, et les réussir. Répéter ainsi ce petit exercice dès que vous le pourrez, et plutôt que se dire : « Je n'y arriverai jamais », remplacer ce type de pensées par : « Je sais que je peux y arriver », « Je l'ai déjà fait, et je peux même faire mieux ».

Le but est d'inverser le processus négatif, et de le faire basculer de petits défis en succès grandissants, vers une mécanique de confiance en soi qui engendrera la réussite. James réussit tout ce qu'il entreprend, car il sait au plus profond de lui qu'il va réussir, et ne laisse aucune place au doute dans son esprit.

Plus encore que des mantras à vous répéter quotidiennement, il existe, pour faire naître, développer ou cultiver cette confiance en soi, suivant votre propre degré personnel d'acquisition de ce talent, un petit exercice simple à pratiquer le plus souvent possible si vous le pouvez : les micro challenges.

Si le conditionnement mental positif est utile, l'action a un impact encore plus puissant sur la tournure positive de l'esprit.
Lancez-vous chaque jour ou dès que vous le pouvez des micro-challenges, des choses que vous n'avez pas ou plus l'habitude de faire, pour les réussir.
Le plus important n'est pas de s'attaquer à une matière nouvelle, à un apprentissage long pour lequel on risque de se décourager ou de connaître l'échec, mais de réussir rapidement une tâche dont on se croyait tout juste capable.
Des exemples simples ?
Vous pensez être un(e) piètre cuisinier(e), et chaque fois que vous invitez des amis, au pire c'est pizza livrée à domicile et au mieux, vous prenez le repas au traiteur de la grande surface ? Et si pour une fois vous épatiez vos amis, avec une recette simple et goûteuse ?
La fierté et le plaisir que vous ressentirez quand vous les verrez se régaler n'aura rien de comparable aux éloges que vous recevrez. C'est tout bête, tout simple, mais ce micro-challenge sera alors gagné.
Mission accomplie, case cochée, vous pourrez vous attaquer à des recettes plus complexes, plus sûr(e) de vous, lors du prochain repas.

Dans ce simple exemple, ce n'est pas seulement l'impact sur la confiance en vous dans vos talents culinaires que vous aurez commencé à asseoir, mais un pas de plus vers une confiance en vous globale, en tous domaines dont vous aurez lancé la construction ou le développement.
Les micro-challenges se nichent de partout, en tous domaines, suivant vos goûts, sport, art, ouverture sur les autres, prise de parole, soin, entretien et image de soi…

Cultivez-les un à un par petites touches, et votre confiance en vous grandira sans que vous vous en rendiez compte, jusqu'à entendre autour de vous lors d'une discussion : « Tu as l'air d'aller bien ! Tu as l'air vraiment épanoui en ce moment… »
Vous serez simplement sûr de vous.

DANS LA TÊTE DE JAMES…

ENVISAGER L'ÉCHEC, C'EST PRENDRE LE RISQUE DE PERDRE. L'ÉCHEC N'EST JAMAIS ENVISAGEABLE.

14
JAMES TRANSGRESSE **LES RÈGLES**

James Bond : « Oh moi, je serais d'avis de les infiltrer par inadvertance. En rase-motte, j'arriverais à tromper leurs radars. »
M : « Absolument hors de question. Si le Premier ministre apprend ce genre de sport, je serai pendu haut et court. »
James Bond : « Vous pourriez l'ignorer, je veux dire officiellement, Monsieur. »
L'homme au pistolet d'or, 1974.

M : « Dans 5 minutes le coordinateur des services de sécurité va franchir cette porte, et il faudra que je lui explique qu'un de nos agents a décidé de faire une petite virée à Mexico de son propre chef, et de provoquer un incident international. »
James Bond : « Le pire a été évité sauf votre respect, Monsieur. »
M : « Évité ? Vous avez explosé une moitié de rue. »
James Bond : « Mieux valait une moitié de rue que tout un stade rempli de monde. »
M : « Vous n'aviez aucune habilitation, aucune. [...] L'encre est à peine sèche sur ce plan de fusion avec le MI5, qu'ils brûlent déjà de trouver une excuse pour flanquer le programme double zéro aux oubliettes. Vous la leur offrez sur un plateau. »
James Bond : « Vous avez raison, votre journée s'annonce délicate. »
Spectre, 2015.

L'adage nous raconte souvent que les règles sont faites pour être transgressées. Mais en réalité, qui ose aller au-delà de ce qui est autorisé quand cela est nécessaire ?
Bien sûr, les règles sont nécessaires pour organiser notre vie en société, sans quoi, ce serait l'anarchie. Cependant, il est des instants, des situations où les règles générales, communes à tous, ne sont plus en adéquation avec la nécessité de faire.

Faut-il alors les contourner, comme James ? Je crois que oui, quand il s'agit d'agir pour le bien. Être juste, se battre pour ce qui l'est nécessite parfois de sortir des sentiers battus, et de braver certains interdits.
Même dans l'armée ce principe existe, lorsqu'un ordre donné peut être considéré comme ne défendant pas la cause ou les intérêts supérieurs. L'officier peut alors être mis aux arrêts.

C'est une situation que j'ai souvent rencontrée dans les différentes professions que j'ai pratiquées. Chaque corps de métier a ses codes, ses habitudes, ses manières de faire, quasi immuables, qui se transmettent

de maître en apprenti, de génération en génération, sans que souvent on ne remette en question telle ou telle manière de faire.
Si l'on construisait encore les maisons comme hier, il faudrait comme il y a trente ans, près d'un an pour qu'elles sortent de terre. Aujourd'hui, tout juste trois mois sont nécessaires.

Si, à l'époque où je travaillais en agence de communication, nous avions créé des sites internet en fonction des seules règles et pratiques que « l'éminence » des développeurs et graphistes prônait, sans que rien d'autre ne soit possible à leur sens, nous en serions encore à l'âge de pierre du numérique, à scroller avec des ascenseurs de quatre kilomètres.
Pour inventer demain, il faut suivre son instinct, et parfois savoir transgresser des règles. Des règles qui n'existent en l'état que parce qu'elles ont été figées par quelques-uns. Des règles valables à l'instant et pour l'instant où elles ont été créées, mais des règles à l'imagination courte ou la vue basse par moments, pour poursuivre et se développer le lendemain.

Il n'est alors rien de mal à aller au-delà, à créer de nouvelles règles, à repousser les limites, et ceci, quel que soit le domaine.

DANS LA TÊTE DE JAMES…

CHAQUE JEU POSSÈDE SES RÈGLES. INVENTEZ VOTRE PROPRE JEU, INVENTEZ VOS PROPRES RÈGLES.

15
JAMES A CONSCIENCE **DE SON RÔLE, DE SA PLACE**

James Bond : « Je me suis laissé dire que les double zéro avaient une espérance de vie limitée, alors votre erreur ne fera pas long feu. »
Casino Royale, 2006.

Dr Swan : « J'avais une question. »
James Bond : « J'écoute. »
Dr Swan : « Pourquoi, alors que tant de possibilités s'offrent à lui, un homme se choisit-il une vie de tueur à gages ? »
James Bond : « C'était soit ça, soit me faire moine. »

Dr Swan : « Sans plaisanter, c'est vraiment ça que vous voulez ? Vivre dans l'ombre ? Traqué, traquant les autres ? Toujours à regarder derrière vous, et toujours seul ? »

James Bond : « Mais je ne suis pas seul. »

Dr Swan : « Vous éludez la question. »

James Bond : « Je ne crois pas avoir jamais eu le choix. Je ne suis pas du genre à tout lâcher… »

Spectre, 2015.

James a pleinement conscience de son rôle, de sa place et des risques qu'il encoure. C'est un choix de vie qu'il a fait en se mettant au service secret de Sa Majesté, un choix dont il assume tous les aspects.

Qui parmi nous ne se plaint pas régulièrement de sa situation ? De ses choix ? Et pourtant, à y regarder de près, il s'agit bien de choix que nous avons fait, à un moment, volontairement souvent, pour être honnête. Ce qui nous fait râler et gémir, c'est parfois de ne plus tout voir du spectre de ces orientations, de leurs côtés positifs tout autant que de leurs côtés négatifs. On ne sait plus pourquoi on fait tel métier, pourquoi on habite telle ville, pourquoi on part depuis dix ans en vacances avec les mêmes personnes, au même endroit.

Nous oublions souvent les raisons de nos choix. Comme il se peut que nous nous retrouvions perdus, sur des chemins empruntés sans raison.
Il faut toujours garder en mémoire le pourquoi de ce que nous faisons, de ce que nous vivons, sans quoi nous subissons notre vie, plutôt que de la vivre et de la diriger en fonction de nos envies.

Saine question que de se demander parfois pourquoi nous faisons tel travail, pourquoi nous ne changeons pas certaines mauvaises habitudes que nous avons prises, comme certaines obligations qui nous pèsent, et qui pourtant sont devenus la normalité acquise de notre entourage.
Qui suis-je ? Quel est mon rôle ? Quelle est ma place ? Car en vérité, qui paie l'addition de ce que nous vivons au final ? Nous, seulement nous.

Tous les chemins ne sont pas aisés, mais tous sont acceptables tant que nous les avons choisis, pour nous, notre bien-être, nos objectifs de vie.
Dès l'instant où l'on ne sait plus pourquoi on fait telle chose, pourquoi on se lève, pourquoi on se bat… Dès l'instant où l'on ne trouve plus de raison, si ce ne sont des habitudes, une lente dérive qui s'est installée dans nos vies… À ce moment-là, il est temps non pas de gesticuler en tous sens, mais de s'asseoir, et de redéfinir le pourquoi de toute cette agitation qui ne nous amène rien et nous épuise.

Prenez une feuille, un stylo, et notez vos envies, vos moteurs de vie. Redéfinissez la place que vous rêviez d'avoir dans le monde, dans la société ou dans votre entreprise. Redéfinissez la vie sociale, familiale que vous aviez envie de construire… Hier. Comparez cela à votre vie d'aujourd'hui… Puis, faites table rase de l'inutile, de ce qui vous pèse, et redessinez la vie que dès à présent vous avez envie de vivre.
Cela peut paraître simple, et pourtant, cela fonctionne. Mais qui au bout de cette ligne, prendra cette feuille, ce stylo pour redéfinir la place et le rôle qu'il veut avoir dans la vie ? Peut-être la part de James qui sommeille en chacun de nous vous aidera-t-elle ?

DANS LA TÊTE DE JAMES…

AVOIR UNE PLACE, ÊTRE UTILE, MAIS CHOISIR.

CE QUE PENSENT DE JAMES
CEUX QUI L'ONT INCARNÉ

« La psychologie de James Bond ? Eh bien, parfois, il porte un smoking blanc et parfois il en porte un noir ! »
Roger Moore

« Il y a une différence majeure entre James Bond et moi. Il est capable de régler les problèmes ! »
Sean Connery

« J'ai sauvé le monde et... James Bond. »
Pierce Brosnan

16

JAMES AIME **LE LUXE**

James Bond : « Ma chère petite, il y a des choses qui ne se font pas. Tel que de boire du Don Pérignon 55 à une température au-dessus de 3 degrés... C'est aussi malsain que d'écouter les Beatles sans boules Quies ! Voyons, où est ce breuvage aphrodisiaque ? »
Goldfinger, 1964.

James Bond : « Ah, j'avais peut-être mal jugé Stromberg. Un amateur de Don Pérignon cuvée 1952, ça ne peut pas être totalement mauvais. »
L'espion qui m'aimait, 1977.

James aime le luxe, les smokings, les grands hôtels, les belles voitures, notamment les Aston Martin, mais n'est en réalité pas quelqu'un de vraiment matérialiste.
Si les choses peuvent et doivent être belles dans son environnement, malgré tout, elles ne constituent en aucune manière une finalité.
Toujours impeccable dans sa tenue vestimentaire, James est un épicurien qui sait profiter de toutes les bonnes et belles choses de la vie.
Pour autant, il ne fait que les cueillir au passage, et même s'il en jouit, il n'en fera jamais un objectif.

Le luxe fait partie de sa vie, mais il n'en est pas le cœur. Rien de ce qu'il fait n'a pour but de cumuler des richesses pour cultiver le luxe. C'est un paradoxe de ce personnage, qui lui donne cette part de désinvolture et de légèreté.
De sa montre à sa voiture, il cultive tous les symboles d'une forme de virilité et de situation aisée, mais malgré tout, ce ne sont à ses yeux que des objets, beaux soit, mais utiles avant tout pour la mission qu'il a à mener.
Nous avons tous des désirs, des passions, des lubies pour lesquels nous sommes prêts à sacrifier la moitié de nos revenus, sans parfois beaucoup réfléchir.

Simplement par pulsion, par désir de posséder, sans d'autre raison.
Me revient en mémoire la mère d'un ami qui, passionnée de parfum, s'était offert à l'époque l'énorme flacon Chanel N°5 à près de 6000 francs (il y a quelques années en effet). À l'époque, cela constituait un mois de son salaire. Nous étions adolescents, quand, cet été-là, elle était partie en vacances en laissant son fils à la maison, tout en ayant « oublié » de payer la note d'électricité… Le luxe dans ces conditions, c'est bien, mais ça ne chauffe pas l'eau des pâtes ni l'eau du bain.

On peut aimer le luxe, mais il ne faut jamais perdre de vue que le luxe se rit de nous quand nous n'en avons pas les moyens.

DANS LA TÊTE DE JAMES…

CULTIVEZ LE BON GOÛT, LES BELLES CHOSES, COMME UN ART DE VIVRE, MAIS NE VOUS Y ATTACHEZ JAMAIS.

17

JAMES EST UN SÉDUCTEUR, **IL SAIT JOUER DE SES CHARMES**

James Bond : « Vous feriez quelque chose pour moi ? On va vous appeler dans une minute. Ça vous embête de leur dire que je me suis envolé pour Le Caire ? »
L'hôtesse au sol : « Ce sera avec plaisir. »
James Bond : « Merci. »
Quantum of Solace, 2008.

Vesper Lynd : « S'il ne restait de toi que ton sourire et ton petit doigt, tu serais le meilleur des hommes que j'ai rencontrés... »
James Bond : « C'est parce que tu sais ce que je peux faire avec mon petit doigt... »
Casino Royale, 2006.

S'il incarne le tombeur de ces dames, comme nous l'avons vu, au-delà de son bon plaisir et de sa propension à tout de même finir par tomber amoureux, James sait qu'il plaît, et il en joue.

James est un séducteur. Pour obtenir ce qu'il désire, il n'hésite jamais à user de son regard, de sa voix, de son animalité pour séduire et obtenir ce qu'il désire auprès de la gent féminine.
C'est un atout que certains et certaines d'entre nous utilisent parfois, quand ils se sentent suffisamment en confiance.
Un petit jeu de séduction pour obtenir un renseignement au téléphone, un document à sa banque, un petit jeu que l'on joue consciemment ou inconsciemment.

À observer James, et ce qu'il parvient à obtenir comme passe-droit et renseignements, sans violence, juste au charme dans ses aventures, je crois que nous avons tous intérêt à utiliser plus régulièrement cette arme de séduction.
Si elle amène des résultats en fonction de nos besoins, elle amène aussi un petit instant de plaisir à la per-

sonne séduite, qui, même si elle n'est pas dupe du jeu, n'aura qu'une envie, celle de sourire.

Hier, j'ai reçu un email de mon éditrice me demandant d'effectuer en urgence, pour lundi, les dernières corrections et ajouts de l'ouvrage que vous avez entre les mains. Quelques jours tout juste, un délai court mais jouable, si je n'avais pas en même temps à rendre un autre manuscrit pour cette même date, à sa collègue du bureau d'en face.

Les plannings sont parfois chargés, et chacun fait du mieux qu'il peut pour tenir ses engagements et ses dates. Mais écrire ne nécessite pas seulement du temps, mais des idées et de la liberté d'esprit. Et cette fois, je savais que finir ces deux livres dans un délai aussi court était impossible. Fulminer ? Râler ? Tout envoyer balader ? Ou simplement, jouer d'un peu d'humour et de sourire envers elle, pour obtenir quelques jours de délai supplémentaires sans que cela ne vienne perturber la production et le planning. Même si j'ai dû m'y reprendre à deux fois – Charlotte est dure en négociation, seulement deux jours au premier round – je vais pouvoir finir de peaufiner les traits de James grâce à une petite semaine qu'elle m'a octroyée, sans sûrement être séduite, mais pour le moins, en souriant.

Savoir jouer de ses charmes, séduire, peut devenir un jeu gagnant-gagnant, tant qu'on ne dépasse pas les bornes de la vulgarité, de la manipulation ou d'un non-respect de l'autre ou de soi affiché.

DANS LA TÊTE DE JAMES…

ET DE TOI J'OBTIENDRAI CE QUE JE DÉSIRE D'UN SIMPLE SOURIRE.

18
JAMES EST **OPPORTUNISTE**

« Un proverbe japonais dit : « Jamais l'oiseau ne fait son nid sur l'arbre dénudé. »
James Bond à Tigre Tanaka, *On ne vit que deux fois*, 1967

Alors que James est en train de balayer une hélice de bateau en marche devant le visage de ses poursuivants.
« Vous n'êtes pas rasé de près, messieurs, vous n'auriez pas besoin d'un bon Figaro ? »
L'homme au pistolet d'or, 1974

James est opportuniste, au sens où il sait tirer parti de tout, quelle que soit la situation, pour corriger sa stratégie, se frayer un chemin parmi les embûches, en fonction des éléments, afin d'atteindre son objectif. Tout est utile pour lui, que ce soit pour se battre, se déplacer, il sait transformer et réutiliser les choses qui l'entourent à son avantage pour servir son but.

À voir évoluer James dans ses aventures, on a le sentiment que tout est là pour lui être utile, à son service. En réalité, à bien l'observer, au-delà de la mise en scène du film, c'est bien lui qui sait transformer son regard sur l'environnement qui l'entoure, pour en tirer le meilleur parti au moment où il en a besoin. Une observation qui prête à réflexion ne trouvez-vous pas ? Combien d'entre nous sont capables de voir au-delà des choses, des objets, des situations et des gens que nous fréquentons, pour les mettre au service de nos propres besoins ?
Est-ce un vase, une cloche, un verre ou une arme potentielle sur cette table devant nous ?

Mon licenciement est-il une catastrophe ou une véritable opportunité pour mon avenir, compte tenu de mes conditions de travail ?
Tout change suivant le regard que l'on y porte. Ce n'est pas seulement voir le verre à moitié plein ou vide, c'est donner un sens différent, une utilité différente à ce qui s'agite autour de nous.

En ce sens, être opportuniste est un véritable talent qui se cultive, comme James, pour à chaque instant faire feu de tout bois.
Se casser le pied, comme cela m'est arrivé il y a quelques années, est-ce un enfer quotidien à vivre sur un bateau sans avoir le droit de poser le pied au sol, ou au contraire, l'occasion de débrayer, de cesser de courir en tous sens pour boucler des factures ressemblant au tonneau des Danaïdes ? Ce fut en tout cas l'occasion pour moi d'explorer de nouvelles facettes de l'écrit, et de multiplier les projets de manière boulimique, ne pouvant rien faire d'autre, jusqu'à en faire mon métier aujourd'hui.
Être opportuniste à l'image de James, ce n'est pas seulement voir le bien en toute chose, c'est surtout mettre tous ces éléments, suivant la manière dont

on les observe et on les utilise, à notre service pour parvenir à nos fins.

DANS LA TÊTE DE JAMES…

DE RIEN, JE PEUX TOUT.

LE JARDIN SECRET DE JAMES

IL N'EST PAS DE VÉRITÉ ABSOLUE EN DEHORS DE FAIRE CE QUE L'ON CROIT JUSTE.

19
JAMES NE DÉVOILE JAMAIS **SON VÉRITABLE BUT**

James Bond : « On vise tous les deux quelqu'un d'autre à travers Green. »
Camille : « Vous avez perdu quelqu'un ? »
James Bond : « Oui, j'ai perdu quelqu'un. »
Camille : « Vous avez trouvé qui l'a tué ? »
James Bond : « Non, pas encore. »
Camille : « Vous me raconterez alors, j'aimerais savoir l'effet que ça fait. »
Quantum of Solace, 2008.

James ne dévoile jamais son véritable enjeu, que ce soit envers ses adversaires dans le cas présent, comme à l'égard sa hiérarchie. Cela peut nous interpeller, car ce mode de fonctionnement peut s'avérer nous être très utile à nous approprier.

On peut et on se doit d'être sincère dans nos projets de vie, dans nos objectifs avec notre entourage proche, avec nos amis, sans quoi, à quoi ces liens tiendraient-ils ?
Mais est-il nécessaire que chacun, y compris nos plus lointaines connaissances ou relations de travail, connaisse nos véritables rêves, nos véritables moteurs de vie, nos plus secrètes ambitions, comme le plan d'action que nous avons mis en place pierre après pierre pour y parvenir ?
Il n'est pas sûr en effet que ce soit très utile pour nous. Et cela peut même s'avérer par moments dangereux tant les jalousies, souvent secrètes, peuvent tirer parti de ces connaissances à notre sujet, pour peut-être nous nuire.

Dire où l'on va n'engage en rien sur la destination définitive, et les moyens de s'y rendre ne regardent souvent que nous-mêmes et quelques proches soigneusement choisis.

Il n'est pas toujours nécessaire de dévoiler son jeu, surtout quand on ne connaît pas ses adversaires, ni les retournements possibles de la partie.

Se dévoiler entièrement est parfois nécessaire, comme dans une relation amoureuse, mais il est des situations où cela force à s'exposer inutilement et à prendre des risques.

On peut avoir un plan et s'y tenir, mais rien ne nous oblige à en dévoiler chaque étape à ceux qui ne sont pas concernés.

Apprendre à se taire, suivre son chemin et ne dévoiler son jeu que pas à pas peut s'avérer pour chacun d'entre nous très souvent bénéfique, quand on ne sait jamais ce qui pourra être fait des confidences que l'on aura pu faire, ni des jugements et des critiques auxquelles alors on se sera exposé volontairement.

Qui croira demain que vous serez un grand acteur, une grande actrice quand aujourd'hui vous êtes timide, que vous avez encore vos études à finir, et votre emprunt à rembourser ? Qui vous soutiendra d'ailleurs en ce sens, pour un métier aussi risqué ? Qui ne vous jalousera pas également, d'un tel projet de vie ?…

Mais qui vous empêche de prendre des cours de comédie, de théâtre, en toute discrétion, dès aujourd'hui ? Jouez votre partie !

DANS LA TÊTE DE JAMES…

MIEUX VAUT FAIRE QUE DIRE.
UN JOUR POUR UNE ÉTAPE SUFFIT.

20
JAMES EST **CYNIQUE**

Q : « 007 ? Je suis votre nouveau quartier-maître. »

James Bond : « Vous plaisantez, j'espère ? »

Q : « Parce que je ne porte pas de blouse ? »

James Bond : « Parce que vous êtes encore boutonneux. »

Q : « La question de mon épiderme n'est guère pertinente. »

James Bond : « Celle de vos compétences l'est. »

Q : « L'âge n'est en rien gage d'efficacité. »

James Bond : « Et la jeunesse n'est en rien gage d'innovation. »

Q : « J'ose arguer que je puis faire plus de dégâts avec mon ordinateur portable et en pyjama avant ma première tasse d'Earl Grey que vous en un an sur le terrain. »

James Bond : « Oh, alors à quoi je sers moi ? »

Q : « De temps en temps il faut bien appuyer sur la gâchette. »

James Bond : « Ou pas. Difficile d'en juger quand on est en pyjama. »

Skyfall, 2012.

L'adjectif « cynique », pour définir une personne, a souvent une connotation négative telle que nous l'utilisons et le comprenons aujourd'hui. Mais dans le cas de James, il est intéressant de revenir sur le sens du cynisme tel qu'il a été inventé dans la Grèce antique.
Et pour cela, revenons sur la définition historique du cynisme. Comme définie dans le dictionnaire de l'Académie Française : « École cynique, école philosophique fondée par Antisthène (V^{e}-IVe siècle avant J.-C.) dont les membres opposaient la nature, dont ils se réclamaient, à la science et aux conventions sociales, et affectaient une vertu austère et une attitude provocatrice. »
Principalement connue par les actions anticonformistes d'un de ses disciples, Diogène de Sinope, l'école cynique cultivait la liberté d'être, de pensée, loin des conventions sociales et des règles admises.
Cultivant l'humilité et l'autosuffisance, la philosophie cynique invite à un état de sagesse permettant de n'être dépendant de rien, et par voie de conséquence de ne souffrir d'aucun manque.
Rejetant les conventions sociales et les principes moraux, l'école cynique épouse les codes de vie de la nature pour être capable de faire face aux situations les

plus difficiles, tout en prônant la liberté de l'individu et sa totale indépendance.

Voici un éclairage beaucoup plus riche et bien différent de ce que l'on considère comme le simple cynisme des mots aujourd'hui.
L'attitude cynique fait fi des conventions morales et sociales. En ce sens, James remplit pleinement cette définition.
Et finalement, ne pourrait-on pas, comme lui, tirer parti de cette école philosophique ? Dans ce qu'elle a de plus noble ? Dans cette quête de vertu et de sagesse en empruntant le chemin de la liberté, loin des conventions et des doctrines imposées ?
Adopter une attitude cynique par moments dans notre vie peut nous aider à nous affranchir des convenances, du politiquement correct et du moralement accepté, pour nous permettre de nous exprimer dans une véritable liberté de pensée.

Peut-être avez-vous dans votre entourage, un homme ou une femme, qui, après avoir eu une vie maritale et des enfants, se sont tout à coup dévoilés au grand jour dans des attirances homosexuelles affichées.

Pour avoir rencontré quelqu'un dans cette situation, j'ai voulu comprendre s'il s'agissait d'une évolution au cours de sa vie sur ses penchants sexuels, ou d'autre chose.

La réponse fut simple : issu d'une famille catholique rigoriste, il était simplement inconcevable pour lui à cette époque-là d'afficher son homosexualité. Il fallait entrer dans le moule, les traditions familiales, et celles du milieu dans lequel il vivait. Il fallait se marier, avoir des enfants, aller à l'église et les inscrire au catéchisme… Il a fallu qu'il réponde pendant des années à tout ce que l'Église lui demandait et lui interdisait de vivre.

Il est heureux qu'il soit parvenu à se défaire de cette chape de plomb qui écrasait sa vie jusqu'à son être profond.

On ne peut regretter, dans ce genre de situation, que le temps perdu à courber l'échine devant les conventions.

Une touche de cynisme pour une louche de liberté dans nos vies, c'est peut-être un contrat à signer pour s'affranchir de beaucoup de chaînes, n'ayant de sens que dans le moule où l'on veut nous enfermer.

DANS LA TÊTE DE JAMES…

NE SOYEZ JAMAIS LE MOUTON, MAIS LE LOUP.

21
JAMES
NE S'ENCOMBRE PAS DU PASSÉ

Camille : « Tu crois qu'ils pourront dormir maintenant ? »
James Bond : « Je crois que les morts se moquent d'être vengés. »
Quantum of Solace, 2008.

Bond en train de déposer le corps de Mathis dans une poubelle.
Camille : « C'est ainsi que vous traitez vos amis ? »
Bond : « Ça lui serait égal. »
Quantum of Solace, 2008.

C'est une constante chez James, il est tourné vers l'avenir. Hier, ne compte plus pour lui, car il ne peut rien y changer. Seul le présent compte, maintenant, et la manière dont il peut agir sur ce présent. Alors qu'il vient de tuer Slate dans *Quantum of Solace*, comme il le dit à M qui lui reproche ce geste : « Je ne m'étends pas sur le passé, vous devriez faire de même. »

Il arrive malgré tout, dans les derniers opus de la saga, à travers ce personnage plus fissuré campé par Daniel Craig, qu'il puisse avoir des insomnies, des moments de réflexion sur ce qu'il aurait dû faire, sur les personnes qu'il n'a pu sauver ou qui lui ont échappé. Mais le présent et sa mission finissent toujours par le rattraper. Il lui faut alors digérer quelques instants ce boomerang du passé en même temps que sa dernière Vodka Martini, avant de pouvoir repartir. Mais ce n'est qu'une parenthèse humaine, bien humaine dans le tumulte de sa vie.
Combien sommes-nous à ressasser si souvent nos souvenirs, notre passé ? Un passé sur lequel on aimerait revenir, si seulement on avait su… Combien de temps, de soirées passons-nous souvent à vivre et

revivre ce que nous faisions hier, plutôt que de nous projeter sur ce que nous aimerions vivre demain ?
Vivre dans le passé n'amène rien de bon pour aujourd'hui, et ne construit rien pour demain.
On ne peut oublier, mais on peut accepter.

À vivre dans le passé, nous vivons dans le regret, nous végétons. Mais il serait faux de croire que nous stagnons, comme si la vie était suspendue, car en réalité, la vie et le temps n'arrêtent jamais leur cours. Et à vivre dans le passé, nous ne stagnons pas, nous reculons, sans même nous en rendre compte, car tout continue d'évoluer autour de nous. Et ce passé que nous ne cessons de chérir, sur lequel nous passons tant d'heures à soupirer, ce passé ne fait que s'éloigner sans que rien ne vienne créer quoi que ce soit de nouveau dans notre vie.

Le temps passe, et sans nous en rendre compte, notre vie s'est arrêtée il y a bien longtemps, à sans cesse nous retourner.
Seul compte aujourd'hui, seul compte demain, seul compte devant, droit devant. Et jamais vous ne serez emporté par le courant de la mélancolie.

DANS LA TÊTE DE JAMES...

HIER EST UN AUTRE. AUJOURD'HUI JE SUIS.

À MÉDITER…

VENGEANCE

« Les Chinois ont un proverbe : pense bien avant toute idée de vengeance qu'il te faut creuser deux tombes. »
Rien que pour vos yeux, 1981.

« L'individu qui ne croit en rien opte facilement pour l'idée de vengeance. »
Le monde ne suffit pas, 1999.

M : « On ne sait jamais tout à fait ce que les gens ont en tête, n'est-ce pas. Mais moi, j'ai besoin de le savoir, Bond. J'ai besoin de savoir si je peux avoir confiance en vous. »

Bond : « Et vous en doutez ? »

M : « Pour ne pas vouloir venger la mort d'un être cher, il faudrait être le dernier des salauds. »

Bond : « Vous en faites pas pour moi, aucun risque que je lui coure après. Il présente peu d'intérêt, et elle ne valait pas mieux. »

Quantum of Solace, 2008.

22
JAMES ÉCONOMISE **SES MOTS**

Dr Kauffman : « Attendez ! Je suis tout au plus un professionnel qui fait son travail ! »
James Bond : « Moi aussi. »
Demain ne meurt jamais, 1997.

René Mathis : « Elle a des menottes dans sa poche et elle n'hésitera pas à s'en servir. »
James Bond : « J'espère bien ! »
Quantum of Solace, 2008.

James parle peu, hormis quand il s'agit de séduire les dames, et encore !
Il choisit ses mots comme ses réparties cinglantes avec précision, et les envoie comme les balles de son Walther PPK.

Apprendre à ne pas se perdre dans les périphrases pour formuler sa pensée, apprendre à devenir synthétique pour exprimer précisément ce que l'on veut, voilà un domaine dans lequel James excelle.
Seuls ses mots d'esprit pour dédramatiser ou enrober une situation, sa gouaille, son humour méritent les périphrases, mais dans l'action, dans son travail, jamais il n'use d'un mot de trop.
James est direct dans ce qu'il désire, que ce soit auprès de ses alliés comme de ses ennemis.

Combien sommes-nous à passer notre temps à tourner autour du pot pour formuler une simple demande, que ce soit dans le domaine professionnel ou personnel ? Nombreux ! Très nombreux, c'est sûr !
Et pourtant, qui peut deviner ce que nous désirons si nous ne l'exprimons pas clairement ? Directement ? Et pire encore, si nous ne disons rien ?

Comme on dit souvent, tout ce que l'on dit avant le mot « mais » dans une phrase ne vaut rien, autant alors s'abstenir. Le propos ne fait que desservir le véritable sens de ce que l'on voulait dire.
Dans le même registre, et les bons vendeurs le savent, tout ce que l'on pourra ajouter après l'accord du client qui aura dit : « Ok, c'est vendu ! », ne pourra que mettre en péril la vente.

Quand c'est vendu, c'est vendu, et il faut savoir se taire, et faire signer en bas à droite.
Les mots ont ce pouvoir de convaincre, comme de tout faire basculer contre vous. C'est en ce sens qu'il faut savoir en user à bon escient, comme James, et ne pas se répandre inutilement.

À chaque mot dit, on se dévoile un peu plus. Mais il arrive que cela puisse aussi être une stratégie.
À chaque mot économisé, on cultive le mystère, la force (et aussi le charisme). Mais encore faut-il en avoir sous le pied, que ce soit sincère, et pas seulement un effet de style, sans quoi une fois le soufflé percé, il ne reste que du vide.

Un mot de plus, un mot de moins, à chacun de trouver le bon équilibre.

DANS LA TÊTE DE JAMES…

**SOYEZ SYNTHÉTIQUE,
EXPRIMEZ-VOUS DIRECTEMENT.**

23

JAMES SAIT OFFRIR **SON CŒUR**

Vesper Lynd : « Tu ne vas pas t'ouvrir à moi, n'est-ce pas ? Tu as remis ton armure, c'est comme ça. »
James Bond : « Cette fois, je n'ai plus d'armure, tu me l'as arrachée à jamais. Et quoi qu'il reste de moi, oui, quoi qu'il reste de moi, quoi que je sois, je t'appartiens. »
Casino Royale, 2006.

Malgré sa vie de séducteur qui papillonne, James sait offrir son cœur, et s'offrir entièrement. Oui, contre toute attente, James est capable d'aimer. Dans *Au service secret de Sa Majesté*, 1969, le premier opus, James finit par se marier avec Tracy, la fille de Draco. Malheureusement, elle est tuée quelques heures après leur mariage. Est-ce pour cette raison que Bond ne se liera plus jamais par la suite ? Il y a, derrière cette façade de séducteur compulsif, un homme qui a aimé, et qui demain peut-être aimera à nouveau.
Où le mènera cette aventure avec Vesper ? Il est en tout cas encore capable de sentiments amoureux sincères.

Nous avons tous connu des déboires amoureux, certains d'une dureté telle qu'ils nous ont parfois forcés à nous renfermer sur nous-mêmes jusqu'à croire pour de longues années que nous ne rencontrerions plus jamais l'amour, ou que nous ne soyons plus capables d'aimer.
Savoir s'ouvrir à nouveau quand l'amour frappe à la porte, savoir s'offrir une seconde chance quand les blessures sont refermées… Cela demande du courage. Risquer encore, risquer d'aimer. Mais est-il une autre voie à suivre ?

À quoi sert de vivre et de laisser passer les années, des années à vivre dans une tiédeur des sentiments qui ne font que se refroidir au fil du temps, jusqu'à ce que le cœur finisse par geler ?

Aimer encore, et renaître vierge devant une nouvelle rencontre. Nous pouvons tous commencer une nouvelle vie, pour peu que l'on sache s'ouvrir à nouveau, et que l'on ose offrir son cœur et s'offrir entièrement à la nouvelle chance qui nous est donnée.

DANS LA TÊTE DE JAMES…

SAVOIR ENCORE TOUT DONNER, MÊME LE PEU QU'IL NOUS RESTE, POUR À NOUVEAU SAVOIR AIMER.

24

JAME EST TOUJOURS LÀ OÙ NE L'ATTEND PAS

Drax : « Monsieur Bond, vous réapparaissez aussi inévitablement que la mauvaise saison. »

James Bond : « J'ignorais jusqu'ici qu'il y eut des saisons dans l'espace. »

Drax : « Pour vous, ce sera l'hiver. »

Moonraker, 1979.

James aime jouer de l'élément de surprise. Se faire passer pour mort quand nécessaire lui est aussi utile que de faussement rentrer dans le jeu de ses ennemis, pour mieux manipuler la James Bond Girl qu'il finit par ramener à sa cause.
Il anticipe et surprend souvent ses adversaires au moment où ceux-ci relâchent leur attention, car certains d'avoir atteint leur objectif machiavélique.

Le temps travaille pour James comme il peut travailler pour nous. Abattre ses cartes au bon moment, quand personne ne s'y attend, est souvent beaucoup plus efficace que de jouer de surenchère, de puissance et de pouvoir.
Peut-être avez-vous déjà connu cet instant jouissif où, lors d'une problématique dans le travail, personne ne trouve de solution autour de la table, à part vous. Par chance, vous avez LA solution, exactement à ce moment-là. Vous êtes alors le héros qui sauve la situation et remporte la mise des félicitations. Mais ce ne fut qu'un coup de chance à bien y réfléchir… Quand ce prochain moment se reproduira-t-il ? S'il se reproduit ?...

Que fait James en réalité pour surprendre et sortir ses atouts au bon moment pour terrasser ses ennemis ?
Il prépare. Il prépare le terrain et se prépare lui-même.
IL ANTICIPE.
Être capable d'être force de solution et de se trouver là où on ne nous attend pas, réside en fait dans le travail et la préparation de ce qui n'est pas encore arrivé, mais qui peut survenir.

Il faut pour cela apprendre, pour ne pas être surpris de ce qu'il peut advenir. Envisager les situations, les crises possibles, les problèmes qui pourraient surgir et y trouver des parades, et savoir garder ces connaissances, ces leviers d'influence et cette force de proposition pour soi, et seulement pour soi.
Ce ne sont plus des solutions que vous apporterez alors le moment venu, là où on ne vous attend pas, mais le fruit de vos connaissances et de votre travail qui tombera à point nommé à ce moment-là.
L'anticipation est la clef.

DANS LA TÊTE DE JAMES…

IL FAUT TOUJOURS ENVISAGER L'INCONCEVABLE, POUR TOUJOURS ÊTRE PRÊT ET NE JAMAIS ÊTRE SURPRIS.

LOIS DE JAMES SUR LA VIE

**IL EST UN MAL NÉCESSAIRE.
SANS GUERRE, PAS DE HÉROS.**

25
JAMES SAIT S'ADAPTER **À TOUTES LES SITUATIONS**

Q : « J'ai toujours essayé de vous enseigner deux choses : la première, ne jamais laisser voir que vous êtes blessé. »

James Bond : « Et la seconde ? »

Q : « Toujours avoir un plan d'évasion. »

Le monde ne suffit pas, 1999.

Véritable caméléon, James sait s'adapter en une fraction de seconde à tout ce qui peut lui arriver. Ainsi, dans *Dangereusement vôtre*, alors qu'il est assommé, en train de couler au fond du lac dans sa voiture, il doit encore trouver le moyen de s'en sortir. Surveillé depuis la berge par Zorin et Mayday, il ne peut remonter en surface sans être abattu. C'est alors que James se met à dévisser le bouchon d'un pneu de sa voiture pour en utiliser l'air afin de respirer. Ingénieux !
Bien évidemment, ce cas extrême n'a que peu de chance d'arriver dans nos vies, encore que ! C'est tout de même peut-être un truc à retenir, on ne sait jamais !

Mais c'est bien le moteur de vie de James qui nous intéresse ici : sa capacité à pouvoir s'adapter à tout et à se sortir de toutes les situations, seul, sans aide, ni élément extérieur, ni secours.
Je ne parle pas là de survivalisme, et de toutes les techniques dignes du Rambo des temps modernes qui sont développées dans cette mouvance, mais bien de notre capacité d'adaptation à tous, dans le plus simple quotidien de notre vie.

Qui n'est pas sensible au moindre changement ? À plus ou moins faible degré ?

Il arrive souvent, quand depuis dix ans nous travaillons au même endroit, en prenant le même métro pour nous y rendre, pour y croiser les mêmes visages aussi sympathiques soient-ils, que le moindre changement de planning, d'organisation interne, de fusion d'entreprise ou de réorientation de la stratégie commerciale, se transforme tout à coup dans ce quotidien si ronronnant en un véritable tsunami !
Mais que se passe-t-il ? Et que va-t-il se passer ? Et à partir de cet instant, dans ce simple exemple, sans plus d'élément, le rouleau compresseur de l'angoisse se met en branle.

Qui vivra bien la situation durant cette transition ? Mais plus encore, qui s'en sortira ? Une seule réponse, hormis le facteur chance, comme James : celles et ceux qui auront su s'adapter.
Rester campé sur ses positions et ses acquis d'hier à ce moment-là, c'est un peu comme si James sous l'eau s'était dit : « Il n'y a d'air qu'en surface. » Juste de quoi mourir.

Savoir s'adapter, ce n'est pas fléchir, c'est savoir poursuivre et faire siennes les nouvelles conditions, pour pouvoir encore affirmer sa place, sa position, et continuer à s'épanouir.

DANS LA TÊTE DE JAMES…

LES ROSEAUX SONT TOUJOURS LÀ QUAND LES ARBRES SE DÉRACINENT.

26
JAMES EST **PROTECTEUR**

James Bond : « Dans mon métier, on se prépare à tout. »
Sanchez : « Et c'est quoi votre métier ? »
James Bond : « J'aide les gens qui ont des problèmes. »
Sanchez : « Et leurs problèmes s'envolent ? »
James Bond : « Je dirais plutôt que leurs problèmes s'éliminent. »
Permis de tuer, 1989.

James Bond : « Magnifique cette vue. »
La veuve : « Vous vous fatiguez pour rien. On lancera plusieurs centaines d'autres tueurs contre moi. Vous ne faites que me donner un sursis de cinq minutes. »
James Bond : « À la bonne heure. Le temps de boire un verre. »
Spectre, 2015.

De par la nature même de son activité au service de son pays, James se retrouve au service de la collectivité.
Rien de plus naturel chez lui que de se sentir investi de cette mission de protecteur.

Nous possédons tous cette propension à protéger les autres, que ce soit nos enfants, notre conjoint, nos parents, nos amis, nos frères et sœurs, mais peut-être pas autant que James, et pas tous au même degré.
Si chez Bond, c'est un moteur de vie ancré au plus profond de ses tripes, nous pouvons tous cultiver et développer cet instinct protecteur, au-delà des limites que nous y mettons naturellement.
Il est si aisé d'apporter ainsi, chacun à son échelle, un peu plus de soulagement et de bonheur en ce monde.
Car à bien regarder autour de nous, il y a toujours quelqu'un d'un peu plus faible, d'un peu plus pauvre, d'un peu plus en souffrance que nous.

Oui, nous pouvons tous endosser par moments le costume de ce James protecteur dans notre vie quotidienne.

Nous pouvons tous surveiller une vieille dame, ou un vieux monsieur en train de retirer de l'argent en pleine rue au guichet automatique, afin que rien ne lui arrive.
Nous pouvons tous nous asseoir dans le métro à côté d'une jeune fille se sentant mal à l'aise, à cause des regards d'un groupe la scrutant à quelques mètres.
Nous pouvons tous aider un aveugle, un blessé ou un handicapé à traverser un passage piéton qui devient un véritable parcours du combattant, quand plus aucun automobiliste ne les respecte.
Nous pouvons tous laisser notre numéro de téléphone en cas de besoin à notre voisin esseulé par son grand âge.

Oui, nous pouvons tous aider, protéger, aussi bien en donnant quelques cours de soutien scolaire à notre neveu, à notre petite voisine, qu'en faisant quelques courses pour la grand-mère que l'on ne va pas voir si souvent.
Et en grandissant, après avoir été protégé, nous pouvons tous offrir un avenir et un cadre de vie apaisé, confortable et sans contrainte à nos propres parents.
Les domaines ne manquent pas où chacun de nous peut devenir ce James Bond protecteur un peu plus que d'accoutumée, au-delà de notre petit cercle de vie.

Cela fait du bien aux autres comme à nous-mêmes c'est un beau pari sur la vie que de vouloir protéger, chacun à notre échelle.

DANS LA TÊTE DE JAMES…

PROTÉGER, C'EST AIMER. PROTÉGER, C'EST SERVIR.

27

JAMES FAIT DES CHOIX, **IL N'A PAS DE REGRET**

M : « Il vit encore ? »

James Bond : « Il vit. »

M : « Ça me surprend. Vous avez trouvé ce que vous cherchiez ? »

James Bond : « Oui. »

M : « Bien. J'imagine que vous n'avez pas de regret ? »

James Bond : « Aucun. Vous non plus ? »

M : « Bien sûr que non, ça ne serait pas professionnel. »

Quantum of Solace, 2008.

À tout instant dans ses missions, James doit faire des choix, sans hésiter une seule seconde.
James est un meneur doublé d'un franc-tireur, et comme tout leader, ce qui le caractérise avant tout, c'est qu'il décide.

Quand souvent nous allons collecter les avis, nous nous réunissons, sans qu'à l'issue, aucune décision ne soit prise… Hormis fixer la date d'une prochaine réunion… Quand souvent nous tenons compte, nous pondérons, en fonction de… James, lui, fait des choix rapides, personnels, tranchés. Des choix sur lesquels il ne revient pas.
Seuls ces choix lui permettent d'avancer et de poursuivre sa mission.
De la même manière, seuls les choix que nous faisons à titre personnel nous permettent de faire un premier pas, puis un deuxième, avant d'effectuer des pas de géants dans nos vies. Et ceci est valable pour tous les sujets.
Il n'est alors rien à en regretter, quand les expériences bonnes et mauvaises ont été traversées, car les résultats sont là.

Seules les décisions que nous prenons nous permettent d'agir, et d'aller vers ce qu'il est de meilleur pour nous-même. Ces choix forment la somme de ce que nous incarnons un jour après l'autre.
Sans décision : aucune construction. Et l'on ne peut alors qu'être balloté par les décisions des autres, et les tendances collectives, souvent mollement acceptées, souvent aux antipodes de ce qui peut servir nos rêves et nos désirs.

Décidez pour vous, et seulement en fonction de vous et de vos désirs, à tout instant. Et jamais vous ne regretterez les voies empruntées, les expériences acquises, car elles seront vôtres et auront participé à la construction de la personne que vous êtes aujourd'hui.
Tout ce que vous serez ne sera alors pas le fruit du hasard, du milieu dans lequel vous baignez ou de l'air du temps, mais seulement de ce que vous aurez choisi. Il est alors fort à parier qu'à un moment, comme par enchantement, vos choix aient construit la vie dont vous aviez tant rêvé.

DANS LA TÊTE DE JAMES…

RIEN NE SERT DE REGRETTER LE MEILLEUR DE CE QUE L'ON A CHOISI À UN MOMENT POUR SOI.

CE QUE PENSENT CEUX QUI ONT INCARNÉ JAMES BOND

« On n'avait pas le même sens de l'humour ; il était très anglais, il était indéniablement anglais. Dans ses mots et dans ses gestes, Roger était un bon James Bond. »
Sean Connery

« C'est un film qui habite vraiment le monde de James Bond. Je veux dire, James Bond vit dans un monde violent et dangereux. »
Timothy Dalton

« Je ne crois pas que Bond soit Superman. (...) Il doit être un être humain. Il doit être identifiable, et c'est ce que j'essaie d'être... Ce n'est pas une parodie, ce n'est pas léger, ce n'est pas plaisant. »
Timothy Dalton

28

JAMES EST COURAGEUX, **IL N'ABANDONNE JAMAIS**

James Bond : « Je leur avais promis le Chiffre, ils ont eu le Chiffre. »

M : « Ils ont eu son corps ! »

James Bond : « Si c'était son âme qu'ils voulaient, ils auraient dû mandater un prêtre. »

Quantum of Solace, 2008.

M : « Je vous demanderais bien de faire preuve de détachement émotionnel, mais je ne crois pas que ce soit votre problème. Je me trompe ? »

James Bond : « Non. »

M : « Et ne cherchez pas à me contacter, nous saurons où vous trouver. »

James Bond : « Inutile de faire semblant. Vous saviez que je ne laisserais pas tomber. »

M : « Je vous connais par cœur. »

Casino Royale, 2006.

James est résolu à réussir, quoi qu'il arrive.
James a une capacité de résistance et de ténacité qui pousse ses ennemis dans leurs derniers retranchements.

Dans *Dangereusement vôtre*, 1985, lors d'une scène de poursuite mémorable dans laquelle il passe d'un véhicule à l'autre, il se lance à la poursuite de Mayday avec un taxi à travers Paris, alors qu'elle vient de sauter en parachute depuis la tour Eiffel. Taxi qui finira avec le toit arraché puis coupé en deux, James toujours au volant avec seulement le train avant de la voiture. Rien ne l'arrête, aucun danger ni aucune difficulté.
Dans nombre de ses films, James fait preuve d'un courage hors du commun. Quand il a une cible en vue, jamais on ne parvient à le faire lâcher prise.
On entend régulièrement aujourd'hui dans différentes situations ou revendications ces mots : « On ne lâche rien ! »
Mais en réalité, souvent, combien de temps sépare cette décision, cet engagement, du moment où on laisse tomber ?

Nous sommes tous humains, mais à voir évoluer James et son courage à ne jamais abandonner même dans la pire des situations, à bout de souffle, épuisé, désarmé, on peut à ses côtés prendre une bonne dose d'énergie et de courage, quand l'envie nous prend de tout laisser choir.
Pour James, ne pas lâcher sa proie et poursuivre sa mission avec obstination est la seule garantie de sa réussite. Il est seul et personne ne peut l'aider. Mais de la même façon, à observer nos vies, nos plans d'action, qui mieux que nous peut nous faire réussir dans nos projets et notre mission de vie ?
Qui fera quelque chose pour nous, si nous abandonnons nos propres rêves ?

On m'a souvent demandé combien de temps était nécessaire pour publier son premier roman. Curieuse question. Faut-il du temps ? De la chance ? Du réseau ? Des connaissances ? Avoir fait les études appropriées ? Le bon sujet au bon moment, répondant à l'air du temps ? Accessoirement, un peu de talent ?
Certains sortent leur premier livre comme le prestidigitateur sort un lapin d'un chapeau. Pour ma part, même s'il est interdit de briser certains mythes dans

l'aura magique entourant les artistes et leurs discussions avec les muses, il aura fallu près de 350 refus d'éditeurs à travers une quinzaine de manuscrits pour qu'enfin, mon premier roman soit publié.
Et loin d'être « arrivé », tout restait encore à construire. J'ai simplement depuis cessé de compter les refus, pour décompter les lignes des ouvrages à venir.

Nous sommes seuls maîtres à la barre de nos désirs. Ne jamais abandonner et faire preuve de courage, même quand tout semble perdu, est souvent la seule issue que nous avons pour réussir.

DANS LA TÊTE DE JAMES…

MÊME QUAND IL N'Y A PLUS D'ESPOIR, SE BATTRE ET POURSUIVRE.

29
JAMES EST **UN STRATÈGE**

Fiona Volpe : « C'est une bague qui va bien à mon doigt. »
James Bond : « La vanité aussi a ses risques. »
Fiona Volpe : « La vanité, M. Bond, un défaut que vous connaissez mieux que personne. »
James Bond : « Ma chère petite, ne vous flattez donc pas ! Ce que j'ai fait ce soir, je l'ai fait pour la Reine et pour mon pays ! Vous ne pensiez pas que ça m'avait causé le moindre plaisir, j'espère. »
(Après leur nuit d'amour), Opération tonnerre, 1965.

M : « Trop de gens ont été tués à cause de moi. »
James Bond : « Si Silva vous veut, il faudra qu'il vienne vous chercher. Depuis le départ, on a une longueur de retard sur lui. Il est temps de changer la mise, de prendre les commandes. »
M : « Je sers d'appât autrement dit. Entendu, mais alors seulement nous deux, personne d'autre. »
Skyfall, 2012.

Rusé, malin, filou, menteur, James est avant tout un grand stratège de la dernière minute pour parvenir à ses fins.
Il a toujours un coup d'avance, ainsi, dans *Octopussy*, lorsqu'il se laisse voler le véritable œuf Fabergé par l'agent avec qui il vient de passer la nuit, il a auparavant placé un traceur dans l'œuf pour pouvoir le suivre et ainsi remonter la piste.

Prévoir même l'imprévisible est l'une des marques de fabrique de James. Et nous avons tout intérêt, afin de nous en inspirer dans nos vies, à observer ses stratagèmes, pour toujours, comme lui, garder la main sur la partie.
Envisager le meilleur comme le pire, anticiper les réactions à nos actions, toujours prévoir un plan B, et comme on dit souvent : ne pas mettre tous ses œufs dans le même panier, c'est cela agir en stratège.
Il n'est pas besoin d'avoir une vie de super héros, d'agent secret ou de personne de pouvoir, pour intégrer un peu de stratégie dans nos propres projets de vie.

Comme James, anticiper ce qu'il peut se passer et prévoir une sortie de secours ou une voie parallèle à prendre en cas de problème, permet de ne jamais se retrouver désarmé et impuissant face à une situation.

Êtes-vous réellement au courant de la santé économique de l'entreprise dans laquelle vous travaillez ? Ou attendez-vous de tomber des nues le matin où l'on annoncera à toute l'équipe une fusion avec un concurrent, et en conséquence une restructuration et le dégraissage des postes en doublons ? C'est tellement dans l'air du temps.
Trop souvent nous nous laissons porter par les vents, le flux du courant qui gère nos vies. Trop souvent nous déléguons sans nous en rendre compte nos choix, et nous les laissons soumis aux aléas et aux envies de stratèges qui, eux, placent les pièces sur l'échiquier de leur partie, en sachant parfaitement où ils vont.

À bien y réfléchir, à ne nous préoccuper parfois que de notre petit pré carré, sans envisager la globalité de la société, de l'entreprise, et du monde dans lequel on vit, nous ne sommes plus que les pions d'une partie d'échecs dont les enjeux nous échappent.

Et si comme James, nous redevenions les stratèges de nos vies, de nos envies ?

Nombre de métiers disparaissent avec les avancées technologiques. Il suffit d'observer les tendances pour s'en apercevoir, tout va très vite. Devenir un stratège dans le cadre professionnel, c'est alors se former en amont pour faire évoluer ses compétences, ou préparer un changement de vie complet en s'intéressant à de nouveaux domaines émergents.
Être stratège c'est prévoir, et ne jamais être surpris.
Et comme le dit Gustav Graves, l'ennemi de Bond dans *Meurs un autre jour*, pour sa propre perte : « Le stratège victorieux ne lance toutes ses forces dans la bataille, que lorsqu'il a déjà remporté la victoire. »

DANS LA TÊTE DE JAMES…

DÉCIDER DU PRÉSENT, C'EST ANTICIPER L'AVENIR.

30

JAMES SAIT S'OFFRIR **UNE SECONDE CHANCE**

Blofeld : « On m'avait dit que vous aviez été assassiné à Hong Kong. »
James Bond : « Oui, c'est ma seconde vie. »
Blofeld : « On ne vit que deux fois, monsieur Bond. »
On ne vit que deux fois, 1967.

Vesper Lynd : « Est-ce que tout le monde a une faille ? »
James Bond : « Oui, tout le monde. Tout le monde à part toi. C'est peut-être pour ça que je t'aime. »

Vesper Lynd : « Tu m'aimes ? »

James Bond : « Assez pour démissionner et partir à la dérive avec toi jusqu'à ce qu'un de nous deux trouve un travail honnête. Mais je crois que ce sera toi, parce que j'ai aucune idée de ce que c'est un travail honnête. »

Vesper Lynd : « T'es sérieux là ? »

James Bond : « Comme tu l'as dit, quand on a fait mon boulot trop longtemps, il ne reste pas grand-chose de son âme à sauver. Et je préfère partir avec le peu qu'il me reste. Ça suffira pour toi ? »

Casino Royale, 2006.

Suite à cette déclaration, James envoie un email de démission avec effet immédiat à M.

Décider, choisir, comme nous l'avons vu... Décider de se donner une nouvelle chance dans la vie. Même pour cela, James choisit.
Même si cela se terminera en trahison, et qu'elle mourra malgré l'amour qu'elle portait à James, il désirait s'offrir une seconde chance, après tout, malgré tout, une seconde chance d'être heureux avec elle et de recommencer sa vie.
En sommes-nous tous si souvent capables ? Sommes-nous prêts à tout instant, à tout âge, à repartir de zéro, pour un ailleurs, pour un projet, pour une personne ?

S'offrir une seconde chance, une seconde vie, c'est encore croire en soi, en sa bonne étoile, en sa vie, et c'est encore, bien sûr, prendre des risques.
Mais comme James, il n'y a parfois pas d'autre issue que de savoir faire table rase de tout ce que nous savons, de tout ce que nous avons connu, pour à nouveau nous élancer à bras ouverts dans la vie.

Qui plus que nous, nous tendra la main pour faire face à ce nouvel inconnu, même encore sans le savoir, pour être plus heureux demain qu'aujourd'hui ?

Il y a la chance qui survient, celle que l'on provoque et celle que l'on sait s'offrir, quand vient le moment de ne plus réfléchir à son bonheur, mais d'agir pour le construire.

DANS LA TÊTE DE JAMES…

RIEN N'EST JAMAIS DÉFINITIF. RECOMMENCER, C'EST AIMER ET ENCORE S'AIMER.

À MÉDITER…

ET SAVOIR S'ATTACHER

Natalia : « Tous les héros que je connais sont morts… »
James Bond : « Natalia… »
Natalia : « Comment peux-tu agir comme ça ? Toujours si froid, si détaché ! »
James Bond : « C'est ça qui me maintient en vie. »
Natalia : « Non, ça t'emmène dans la solitude. »
Goldeneye, 1995.

31
JAMES TROUVE TOUJOURS **UNE SOLUTION**

Honey Rider : « Quelle route doit-on prendre ? »
Bond : « La route la plus courte. »
Bons baisers de Russie, 1963.

M : « S'il y a la moindre chance de succès, Bond réussira. C'est notre meilleur élément, mais je ne lui dirai jamais. »
Le monde ne suffit pas, 1999.

Il est l'homme des solutions quand d'autres ne trouvent toujours que des problèmes. Rien ne peut et rien ne doit lui résister, tel pourrait se résumer son moteur de vie.
Je pense qu'il s'agit là de l'une des plus grandes qualités de James. De situations inextricables en affrontements inégaux, James doit toujours faire face aux pires dangers, sans rien attendre du MI6 ou presque.

Il ne CHERCHE pas de solutions, il en TROUVE. C'est bien sur ce point que sa démarche psychologique est intéressante.
S'il se contentait d'en chercher, voilà bien longtemps qu'il serait mort, ou que les scénarios ne tiendraient pas debout, pour cause de longueur, l'ennemi en attente de James.

Transposer cet état d'esprit dans notre vie est primordial, et je le répète, il ne s'agit pas que de films, mais bel et bien d'une forme d'esprit réelle que certains d'entre nous cultivent naturellement.
À écouter nos contemporains, on se rend compte que beaucoup de personnes ont toujours un problème pour chaque solution. Et ceci, dans tous les domaines.

De l'investissement immobilier à la garde des enfants, de l'impossibilité de progresser dans sa hiérarchie à celle de quitter son conjoint toxique, tout y passe pour ce genre de profils qui ne cessent de tourner en rond sur leurs problématiques, sans jamais y trouver une solution et en creusant les problèmes de surcroît.

Pour l'avoir fait, vous pouvez passer vos journées à tenter de les aider, pour chaque solution que vous amènerez, c'est deux nouveaux problèmes qui sortiront de leur chapeau. C'est un puits sans fond, car en réalité, ces personnes ne veulent pas être aidées, mais juste pouvoir se répandre et gémir, sans un instant vouloir changer quoi que ce soit dans leur vie.
On peut aider, épauler nos proches quand cela est nécessaire, mais on ne peut se substituer à leur envie de solutionner à leur place, ou non.
Avant de trouver des solutions pour les autres, surtout quant au final ils n'en veulent pas, commençons donc par en trouver pour soi !

Et je dis bien TROUVER, car CHERCHER, c'est comme ESSAYER : c'est une manière bruyante de ne rien faire.

À observer, par exemple, la vitesse à laquelle évolue le monde du travail, force est de constater qu'il faut savoir s'adapter à tout moment.

À l'origine, j'ai une formation d'ingénieur du son. De retour de mon expérience américaine en studio de mixage après mes études parisiennes, armé, j'ai cherché du travail dans les studios d'enregistrement de la capitale. La technologie numérique avait fait entretemps un bond de géant, et le temps avait fait son œuvre. Du coup, les trois quarts des studios avaient fermé, faute de projets amenés par les maisons de disque, préférant à cette époque, pour ce qu'il restait des fleurons de la chanson française, les faire enregistrer à Londres, New York ou Los Angeles.
J'aurais pu CHERCHER ainsi longtemps du travail dans mon savoir, dans mon domaine… dans un milieu professionnel devenu quasi inexistant au regard du nombre de postulants, envers et contre tout, et surtout, contre tout bon sens… Mais l'urgence était de TROUVER une solution pour vivre. Et si les projets musicaux étaient toujours existants dans l'Hexagone, les budgets, eux, pour les réaliser, s'étaient évanouis.

Travailler pour la gloire a ses limites, celles de se retrouver à faire la manche sous le pont des Soupirs.

Il fallait tout remettre à plat, changer. Il fallait TROUVER une nouvelle manière de travailler, TROUVER une nouvelle manière de vivre. Et l'écriture n'était encore pour moi, à cette époque, qu'un exutoire, comme un hobby. Mais peu après, en 1998, Internet est venu poindre le bout de son nez en France. Tout était alors à inventer.

Il faut parfois savoir tout remettre en question pour ne plus chercher, mais pour trouver.

Soyez force et source de solution dans votre vie, dans tous les domaines. Trouvez et changez tout ce qui vous déplaît, et comme James, vous aurez alors accompli votre mission, celle de votre vie.

DANS LA TÊTE DE JAMES…

IL Y A TOUJOURS UNE SOLUTION.
RÉUSSIR, C'EST TROUVER.

32
JAMES DÉTESTE **LA VIOLENCE INUTILE**

Kerim Bey : « Vavra vous remercie de lui avoir sauvé la vie. Vous voilà son fils. »

James Bond : « Très heureux. S'il arrêtait le combat entre les femmes, je lui en serais reconnaissant. »

Kerim Bey : « Il dit que votre cœur est trop tendre pour faire un bohémien, mais il vous laisse l'arbitrage. »

James Bond : « … Je n'ai pas assez de mes propres soucis. »

Bons baisers de Russie, 1963.

James vit dans un univers de violence, de morts, conséquence directe de son activité d'agent secret. C'est une violence nécessaire, mais qui n'a lieu d'être que pour mener à bien ses missions pour une cause supérieure, qui lui semble juste. En cela il connaît bien la violence et sa nécessité par moments, mais il déteste la violence gratuite.

Dans le film *Bons baisers de Russie*, alors que dans un camp de gitans, deux femmes devaient se battre à mort pour l'amour d'un même homme, il demande la faveur au chef de faire cesser le combat. À ses yeux, rien ne justifie en effet ce combat à mort par amour. D'autre part, à chaque fois qu'il peut obtenir ce qu'il désire par le charme, la ruse ou le mensonge, James n'utilisera jamais la force. La violence dont il peut faire preuve et son caractère impitoyable, n'est que le dernier recours de James, quand il n'a plus d'autre choix. En quoi la violence physique ou verbale est-elle utile dans notre vie ? De la violence au volant de sa voiture à l'incivilité caractérisée par des injures, qu'obtient-on par l'agressivité ? Rien, la plupart du temps.

Les faits divers témoignant de la violence quotidienne dans notre société ne manquent pas, quand pourtant la plupart des situations pourraient être réglées par le discours, la politesse, un peu d'écoute et de compréhension.
Si tous, nous faisions l'effort de ne pas nous emporter pour rien, juste pour vider notre sac et passer nos nerfs, il est sûr, à n'en pas douter, que nous vivrions dans un monde apaisé.

Il faut toujours, comme James, considérer la violence comme l'ultime recours quand le danger est là, et que plus rien d'autre ne peut être tenté.

DANS LA TÊTE DE JAMES…

DANS UN COMBAT, IL N'Y A QUE DEUX PERDANTS. LA MEILLEURE FAÇON D'ÉVITER UN COMBAT, C'EST DE NE PAS ÊTRE LÀ.

33
JAMES CONTRÔLE SES PEURS

Honey Rider : « Vos mains sont moites, j'en suis bien contente. »

James Bond : « Bien sûr, moi aussi j'ai le trac. Soyez naturelle, et pour le reste, fiez-vous à moi. »

James Bond 007 contre Dr No, 1962.

James Bond : « Vous êtes terrorisée. »

Fille du casino : « Merci pour ce verre, monsieur Bond. »

James Bond : « Vous jouez bien la comédie. […] Je sais quand une femme fait semblant de ne pas avoir peur. »

Fille du casino : « Que savez-vous de la peur au juste ? »

James Bond : « Absolument tout. »

Fille du casino : « Ce genre-là, non. Son genre à lui. »

James Bond : « Je peux vous aider. »

Fille du casino : « Cela m'étonnerait. »

James Bond : « Laissez-moi essayer. »

Fille du casino : « De quelle façon ? »

James Bond : « Emmenez-moi le voir. »

Fille du casino : « Vous le tueriez ? »

James Bond : « Oui. »

Skyfall, 2012.

James ne se laisse pas envahir et déborder par ses peurs et la crainte de l'inconnu. Alors qu'ils se retrouvent dans le repère sous-marin de Dr No, après avoir été drogués, sans savoir encore si et comment il pourra sortir vivant de cet endroit, en ayant de surcroît la charge d'âme de sa James Bond girl, Honey Rider, il parvient encore à se contrôler.
Oui, James peut avoir peur, et c'est bien humain. Seuls les fous et les inconscients ne connaissent pas la peur.

Ce dont on peut prendre exemple sur lui, c'est sa capacité à aller au-delà de ses craintes, sans se laisser paralyser. James sait se dépasser quand cela est nécessaire, et nous pouvons tous en faire autant.

Affronter par exemple une salle comble qui attend que nous débutions notre présentation orale, met la plupart d'entre nous dans une situation de stress intense, et de panique pour certains. Et pourtant, il faut se lancer, aller au-delà des regards qui attendent. Il faut comme James parvenir à transformer cette peur en moteur. Seul le premier pas est difficile, seuls les premiers mots sont compliqués à poser, mais dès le premier pas effectué, le stress se transforme en énergie qui va nous porter.

Aller au-delà de ses peurs, c'est faire le premier pas vers le danger, car seul le premier pas compte pour pouvoir soi-même se transcender.
Nous pouvons tous, comme James, transformer nos faiblesses et nos craintes en force, si tant est que nous sachions garder notre calme et nous contrôler. De cet instant, plus rien n'est impossible à réaliser.

DANS LA TÊTE DE JAMES…

LA PEUR N'EMPÊCHE RIEN.

LE JARDIN SECRET DE JAMES

IL FAUT FAIRE AUJOURD'HUI POUR QUE DEMAIN EXISTE.

34

JAMES SAIT **PRENDRE DU RECUL**

Dr No : « Vous admirez mon aquarium ? [...] Les glaces sont convexes et ont 25 centimètres d'épaisseur, d'où cet effet de grossissement. »
James Bond : « Ce qui fait que les poissons se croient plus grands qu'ils ne sont ; comme vous sur cette île, Dr No. »
Dr No : « Cela dépend, M. Bond, de quel côté de la glace vous êtes. »
James Bond 007 contre Dr No, 1958.

James sait recadrer, replacer ses adversaires et la situation dans laquelle il se trouve à sa juste mesure. Peu de choses l'impressionnent, car à ses yeux peu de choses en valent la peine. Il ne se laisse pas subjuguer par des paillettes, des apparats quand, dans le fond, cela n'est souvent que la représentation d'un ego démesuré.

Qui parmi nous n'a pas rencontré cette situation, où, devant l'étalage de richesses, de pouvoirs, d'assurance, de charisme d'une personne, nous nous sommes sentis un peu diminués ? Qui ne s'est pas alors placé involontairement en dessous de cette personne ? Cela nous est tous arrivé à un moment ou à un autre.
Un réflexe presque animal à se mettre en position de soumission quand, en réalité, il n'y avait aucune raison à ainsi se dévaloriser.
Le pire c'est que la plupart du temps, nous nous mettons tout seuls dans cette position d'infériorité, quand l'autre ne nous l'a pas demandé, ni même intimé. Nous sommes en réalité dans ce genre de situation nos propres fossoyeurs.

Un peu de recul, un peu de sang-froid, et, à décortiquer la situation ou le pouvoir d'une personne qui nous impressionne, on y découvre tout à coup les failles, la fragilité et parfois le grand mensonge de cette construction.
Savoir prendre du recul permet de se mettre sur un pied d'égalité avec cette personne. Ce que nous sommes n'est-il pas suffisant pour faire face ?

On entend souvent, pour cesser d'idolâtrer une personne qui nous impressionne, qu'il suffit de l'imaginer comme nous, chaque matin dans les toilettes, en train de poser culotte tout en grimaçant !
Cela peut fonctionner, mais il existe aussi une autre technique : démystifier cette personne. Il suffit pour cela de se poser les bonnes questions à son sujet. D'où viennent son pouvoir, sa puissance, son confort, son aisance, son aura, ses connaissances, ses richesses… ? S'est-il en réalité vraiment construit tout seul, lui-même, comme il le laisse entendre ou l'étale au grand jour ?...
En vous renseignant un peu à son sujet, il ne serait pas très surprenant que vous découvriez quelques petits héritages, réseaux d'influence, coups de chance, coups

de pouce, savamment camouflés, pour que l'on n'en voit plus que son talent.
Doucement, le vernis de cette personne qui paraissait si « exceptionnelle » se met à craqueler, et vous vous rendez compte qu'au final, vous n'êtes pas si différent de lui, presque sur un pied d'égalité à titre personnel.
Tout ce qui était si impressionnant, n'est alors en réalité que le résultat obtenu avec des cartes avec lesquelles il est né, avec lesquelles il a joué. Des cartes que vous possédez peut-être, sans jamais les avoir sorties de votre jeu.
Il n'est rien à envier des cartes avec lesquelles nous ne sommes pas nés, juste en prendre conscience pour démystifier et prendre du recul sur certaines personnes.
Nous avons tous notre jeu, notre main, nos cartes, et comme dans tous les tournois de poker, la chance tourne, les as sont tirés, et la main parfaite arrive, ne reste alors plus qu'à effectuer le bon pari, sur soi !

Ce n'est pas aux personnes charismatiques (et parfois imbues d'elles-mêmes) de se mettre en retrait, mais à nous de nous positionner à ce même niveau, car nous n'avons pas moins ni plus qu'eux à offrir. Il suffit de ne pas nous étouffer de notre plein gré dans notre être.

DANS LA TÊTE DE JAMES…

NOUS SOMMES TOUS FAITS DE LA MÊME MANIÈRE. PRENEZ UN PEU DE HAUTEUR, EN DESSOUS, SEULES DES FOURMIS IDENTIQUES SONT EN TRAIN DE S'AGITER.

35
JAMES EST UN AMI FIDÈLE

Kerim Bey : « Ça fait deux fois que Krilencu essaie de m'abattre. La troisième fois, il m'aura sans doute, ou je l'aurai en premier ; je l'aurai cette nuit. »

James Bond : « Pas avec un bras blessé. Ce petit travail me revient. »

Kerim Bey : « Je me suis endetté envers vous déjà. »

James Bond : « Est-ce qu'on a des dettes envers un ami ? »

Bons baisers de Russie, 1964.

Même solitaire, James a des amis, de précieux amis. Quelle plus belle richesse dans la vie de chacun d'entre nous que ces amitiés qui se tissent, qui s'inventent, qui se renforcent au fil du temps ?

Nos histoires d'amitié sont aussi importantes que nos histoires d'amour, et demandent le même soin pour qu'elles ne flétrissent pas.
La fidélité est aussi importante en amour qu'en amitié. Elle est son marqueur de confiance et garante de la longévité de ce lien qui se crée.
Traiter par moments ses amis avec légèreté, par-dessus la jambe, c'est prendre le risque de mettre des coups de canif dans cette corde qui a mis si longtemps à se nouer.

Qui sera là demain, si nous jouons par opportunisme avec nos amitiés ? Qui sera demain le témoin de ce que nous avons été, de ce que nous avons fait de nos vies, quand peut-être le conjoint ne sera plus là ?
Dans quelques dizaines d'années, avec qui pourrons-nous partager nos plus beaux souvenirs, si ce n'est avec nos amis ?

Sans apporter soin, considération et fidélité à nos amitiés, il est un grand risque au crépuscule de nos vies qu'il n'en reste que quelques photos jaunies.

DANS LA TÊTE DE JAMES…

LES AMIS SONT UNE FAMILLE QU'ON A CHOISIE POUR LA VIE.

36

JAMES EST **ÉLÉGANT**

James Bond : « Je ne raffole pas de son tailleur, Kerim. »
Kerim Bey : « Vous savez, James, que la vieille Istanbul va me paraître morose sans vous. »
Bons baisers de Russie, 1963.

« Un homme élégant ne doit jamais sortir sans cet engin. »
James Bond à propos du jet-pack.
Opération tonnerre, 1965.

Il y a élégance et élégance, mais à l'image de James, quelle que soit la circonstance, on n'est jamais trop bien apprêté. Il existe des tenues pour tout, et on ne peut passer comme lui notre temps en smoking. Mais quand le « pratique » prend la main sur le quotidien, et que seul le pratique se met à régir notre image vis-à-vis des autres, rapidement le laisser-aller s'installe. Et, du pratique à la dégaine de guenille, il ne reste alors plus qu'un pas à franchir !

Non messieurs, le jogging, c'est comme les tongs, ce n'est pas que pratique, c'est moche aussi ! Quant à vous mesdames, s'il est vrai que l'on peut aussi bien faire des travaux de peinture, que dormir, faire ses courses ou du sport avec un legging… Une paire de sneakers roses fluo n'est pas forcément le seul accessoire à ajouter, pour partir ainsi habillée en soirée !
Être élégant est tout aussi important pour l'image que l'on a de soi, que pour celle que l'on renvoie aux autres.

Un minimum d'exigence dans nos tenues, que ce soit sur notre lieu de travail, lors de nos sorties ET à la maison, n'amène que plus d'assurance, comme à se sentir bien dans notre peau.

Quand le : « Ah c'est bon ! On est entre nous ! », prend le dessus au moment de s'habiller pour sortir chez des amis, on est à deux doigts de partager le prochain dîner avec des couverts, des assiettes et des verres en plastique parce que c'est plus « pratique », juste avant de manger avec les mains à même la gamelle !
L'étape suivante de cette décadence de l'élégance, pourra se développer sous couvert culturel, en crachant ses os de poulets à même le sol, comme il arrive que les Chinois le fassent, et ceci pour pousser la logique du « pratique », juste avant que l'on ne réinstaure la mode des chaises-pots, mais cette fois, à table !

Comme vous le voyez, mettre l'élégance de côté au profit du tout-pratique peut rapidement nous emmener dans des travers, des comportements et une image d'homme des cavernes peu désirable.
La question est simple au final : Comment désirez-vous être perçu ? Jaugé ? Jugé ? Que ce soit par les gens qui vous connaissent, comme dans la rue, chez de nouveaux clients, par ceux qui ne vous connaissent pas ?

Bien entendu, l'image ne fait pas tout, mais l'élégance est la première image que l'on projette, et celle dont on se souvient à notre propos.
Je ne sais pas vous, mais moi, sans être tiré à quatre épingles chaque jour, je n'ai pas envie qu'on se dise quand j'arrive : « Tiens, voilà Bozzo le clown ! »
N'oubliez jamais que l'on est et que l'on devient ce que l'on montre, ce que l'on affiche.

Prendre soin de soi, cultiver un peu d'élégance dans nos vies ne peut au final que renforcer notre confiance en nous, comme l'image que l'on projette à ceux que l'on croise chaque jour. À chacun de choisir son élégance, comme son style !

DANS LA TÊTE DE JAMES…

L'ÉLÉGANCE VESTIMENTAIRE EST À L'IMAGE DE L'ÉLÉGANCE D'ESPRIT.

LOIS DE JAMES SUR LA VIE

**DE LA FORCE, DU COURAGE,
MAIS SURTOUT DE LA CONFIANCE.**

**À FORCE DE BAISSER LA TÊTE,
ON FINIT PAR DEVENIR BOSSU.**

37
JAMES NE DÉVOILE JAMAIS **TOUS SES TALENTS**

Miss Moneypenny, lui lançant un livre : « James, bonne chance ! Oh, *Le japonais rapide*, ça peut être utile. »
James Bond : « Vous oubliez mon prix d'honneur des langues orientales à Cambridge. »
On ne vit que deux fois, 1967.

Banquier suisse : « Je vous offre la possibilité de repartir riche comme Crésus, monsieur Bond. »

James Bond : « Oui, et moi je vous offre la possibilité de repartir la vie sauve. »

Banquier suisse : « Si je regarde bien la situation, au strict plan bancaire, la loi du nombre n'est pas à votre avantage. »

James Bond : « Eh bien, vous oubliez peut-être de prendre en compte mes ressources secrètes. »

Le monde ne suffit pas, 1999.

Au fil des différents livres et films, on découvre plusieurs facettes et talents de James. Se vante-t-il de son savoir lors de ses discussions ? Jamais. Il ne dévoile ses capacités et ses talents qu'au fil des besoins que réclame une situation. Cela prête à réflexion quand on y pense.

Certains d'entre nous ont parfois tendance à s'appesantir sur la longueur de leur CV, comme de leurs compétences pour briller, et ceci quel que soit le domaine, jusqu'à en devenir assommant. Il arrive souvent lors d'une soirée que chacun joue de surenchère jusqu'à friser la mythomanie par moments, dans le catalogue de ses multiples talents, et de l'importance incontournable qu'il a au sein de son activité.

Il est amusant aujourd'hui d'observer les « compétences » que chacun étale sur LinkedIn et autres réseaux professionnels.
À présent, celui qui se lance dans la production à l'unité de cendrier en rotin du fond de son garage le week-end n'est pas un artisan ou un autoentrepreneur cherchant à arrondir ses fins de mois, il est *a minima* CEO ou Fondateur ! Saisissons la nuance !

Mais malheureusement, dès qu'on creuse un peu, ou qu'on a besoin *de facto* de ce type de compétence, on entend souvent l'écho d'un : « Ah ! Tu sais en ce moment ce n'est pas si simple… Le marché n'est pas porteur… On va y réfléchir, mais ton cas… ». Bref, il n'y a plus personne au bout du fil.
Briller pour briller n'amène pas grand-chose au final, quand, au contraire, distiller ses expériences et ses talents par petites touches auprès de son entourage, en fonction des demandes ou des besoins du moment, suscite l'étonnement. Un étonnement qui vous confère une personnalité qui ne cesse de s'enrichir à leurs yeux.

Et puis ne pas tout dire, c'est conserver un peu de mystère et se laisser le pouvoir de surprendre, quand les autres pensent tout savoir de nous.

DANS LA TÊTE DE JAMES…

ÊTRE EN REPRÉSENTATION PERMANENTE, NE VAUT PAS LE SAVOIR ET L'ACTION AU BON MOMENT.

38

JAMES FAIT **PREUVE D'EMPATHIE**

James découvre Vesper tétanisée de peur, assise par terre sous la douche.

Vesper Lynd : « C'est comme si j'avais du sang sur les mains. J'arrive pas à l'enlever. »

James Bond : « Faites voir. […] Ça va mieux ? »

Elle hoche la tête.

James Bond : « Vous avez froid ? »

Vesper Lynd : « Oui… »

James Bond : « Attendez. »

Il augmente l'eau chaude et la serre contre lui en lui caressant les cheveux.

Casino Royale, 2006.

Vesper est en état de choc après que James Bond ait tué deux hommes dans l'escalier du casino. Il s'approche d'elle, alors tremblante, et vient s'asseoir à ses côtés sous la douche.
Cette douche devient une pluie purificatrice pour elle comme pour lui, et il se met à lui lécher les doigts, car elle a l'impression d'avoir du sang sur les mains.

Elle n'est pas faite pour subir ce genre de situation, il se met à sa portée et la prend dans ses bras pour la réconforter, la protéger.

Nous ne sommes pas tous faits pour supporter les mêmes maux de la vie. Ce qui paraît terrifiant pour certains peut paraître presque anodin à d'autres, ayant déjà traversé cette situation.
Savoir se mettre à portée, écouter, rassurer, un exercice difficile par moments.

Même ce dur des durs qu'est James est capable de ressentir le désarroi de cette jeune femme. Il n'est pas de marbre face à la mort, même s'il a eu l'occasion de la croiser de nombreuses fois dans sa vie.

Avoir de l'empathie, c'est pouvoir se mettre à la place de celui ou de celle qui souffre. La véritable empathie n'est pas de la pitié, mais une compréhension profonde des sentiments. Et cette compréhension ne vient souvent que de l'expérience de la situation vécue soi-même.

Pour faire preuve d'empathie comme pour chercher du réconfort, il faut se tourner vers ceux qui peuvent comprendre réellement ce que l'on traverse.

Ceux qui n'auront pas traversé de près ou de loin l'épreuve qui nous fait face, auront beau tout faire pour nous aider, mais même avec la meilleure volonté du monde, ils ne pourront au mieux que soulager.

L'empathie ne se calcule pas, ne s'apprend pas et n'est pas adaptable à toutes les situations, à toutes les personnes comme à toutes les difficultés.

Tous, nous pouvons en avoir besoin, comme nous pouvons, à l'échelle de nos expériences et de notre savoir, en offrir.

Mais comment pourrais-je faire preuve d'empathie sincère pour une personne venant de perdre sa femme ou son mari ?... N'ayant pas connu la situation… De la compassion, de l'aide, de la présence, oui… mais cela a ses limites.

Il est d'autres situations où j'ai pu, comme chacun, être utile en fonction de mes expériences de vies.

Tous, à notre échelle, nous pouvons faire preuve d'empathie. Nous pouvons briller de la plus belle humanité qui nous habite.

DANS LA TÊTE DE JAMES…

ON NE PEUT ESSUYER QUE LES LARMES QUE L'ON CONNAÎT.

39
JAMES VIT AVEC SON ÉPOQUE

Q : « Ceci est un téléphone portable. Vous parlez en bas et écoutez en haut. »

James, ironique : « Ah ! C'est donc ça qui m'échappait depuis longtemps. »

Demain ne meurt jamais, 1997.

James est à la pointe de la technologie.
Même s'il se moque souvent de Q, il aime les gadgets. Mais ce n'est pas tant pour répondre à un aspect geek de sa personnalité que pour être efficace dans son travail. Utiliser ce qui se fait de mieux à chaque époque pour remplir sa mission, c'est pour lui savoir se remettre en question et se renouveler sans cesse.

Une particularité dont nous pouvons tirer parti pour notre confort de vie, comme dans l'utilisation de nos outils professionnels.
Il y a peu encore, je voyais certains amis, entrepreneurs dans le bâtiment, passer leurs commandes de matériel par fax !
Qui, chez lui, réchauffe encore sa boîte de ravioli au bain-marie plutôt qu'au microonde ? Il y en a ? N'en doutez pas !
Il existe une nette différence entre surconsommer la technologie et ses milliers de gadgets frisant parfois le ridicule, et ne pas tirer parti des avancées permanentes des outils et des inventions que l'on met à notre disposition.

Leurs points communs sont toujours un gain de temps, une efficacité augmentée, plus de rapidité, de capacité, une miniaturisation ou une invention visant à soulager l'effort et la peine du travail humain. Toutes les inventions qui se sont installées dans nos habitudes de vie ont ce point commun.

Même si toute nouveauté ne vaut pas progrès, il faut savoir vivre avec son temps, ses technologies, et les nouveaux usages qui en découlent, sans quoi le risque est grand à rester sur le bord de la route de la vie. Une vie dont le cours, comme celui du fleuve, ne s'arrête jamais.

DANS LA TÊTE DE JAMES…

VIVEZ DANS VOTRE ÉPOQUE. UTILISEZ LE MEILLEUR DE VOTRE TEMPS.

À MÉDITER…

INTELLIGENCE DE VIE

James Bond : « Vous êtes plus intelligent que vous n'en avez l'air. »
Q : « Ça vaut bien mieux que d'avoir l'air plus intelligent qu'on ne l'est. »
Meurs un autre jour, 2002.

James Bond : « Je vais vous dire, Mathis, la retraite vous va à ravir. » (…) Chose étrange, je crois que je ne peux me fier qu'à vous aujourd'hui. »
Mathis : « Étrange en effet, mais quand on est jeune, on a l'impression qu'il est facile de faire la part entre le bien et le mal, c'est en vieillissant que ça devient plus difficile. Les héros et les bandits se confondent. »
Quantum of Solace, 2008.

40

JAMES SAIT **CONVAINCRE**

Chef de service : « Pourquoi a-t-elle prévenu Washington ? »
James Bond : « J'ai réveillé ses instincts maternels refoulés. »
(À propos de Pussy Galore.) *Goldfinger*, 1964.

Séducteur, comme nous l'avons vu, James use et abuse de ses charmes pour obtenir ce qu'il désire. Il use aussi de la force, de manière impitoyable si nécessaire, comme de la stratégie, de la provocation verbale auprès de sa hiérarchie et de ses ennemis. Mais tous ces artifices qu'il met en œuvre n'ont qu'un seul objectif commun : obtenir ce qu'il désire et CONVAINCRE.

Nous pouvons tous être convaincus du bien-fondé de nos envies, de notre talent, de notre projet. Pour autant, si nous ne sommes pas capables de convaincre d'une manière ou d'une autre toutes les personnes, les services, les administrations, les financiers qui vont nous être nécessaires, nous resterons tout seuls en haut de notre montagne, à prêcher dans le désert.

Savoir convaincre est un art nécessaire pour arriver à nos fins. Et si nous ne sommes pas certains à 200 % de l'objectif que nous voulons atteindre ou de l'entreprise que nous voulons lancer, comment pouvons-nous être crédibles et convaincre les autres de nous aider ?

James sait convaincre, car il n'a aucun doute sur ce qu'il veut obtenir, et il adapte les moyens nécessaires en fonction de l'interlocuteur et de la situation.

Pour autant soyons clair, vous aurez beau être sûr, si vous désirez décrocher un emprunt de 200 000 euros pour lancer un truck-sandwich, avec une capacité de remboursement de 100 euros par mois une fois les charges payées, vous aurez beau caresser votre rêve… convaincre nécessite avant tout d'être crédible.

DANS LA TÊTE DE JAMES…

CONVAINCRE, C'EST EMMENER LES AUTRES AVEC SOI.

41
JAMES A DES DÉFAUTS **QU'IL ASSUME**

« Je connais mes petits points faibles, patron. Je suis tout prêt à remplir cette mission dans l'esprit que vous indiquez, si au moins je savais de quoi il s'agit. »
James Bond, *Goldfinger*, 1964.

De son penchant à collectionner les conquêtes féminines à sa propension à se désaltérer à la Vodka Martini, pour y préférer le Bourbon dans les moments difficiles, James est comme tous : perclus de défauts.

Nous avons tous des défauts.

Avoir des défauts et les assumer, en quoi est-ce finalement une bonne chose ?

Avoir des défauts nous permet de ne pas avoir une personnalité lissée, identique à toutes les autres. Nos défauts nous permettent en réalité de ne pas être des clones.

Il est pourtant étrange d'observer un grand lissage de pensée et de façon d'être, comme hier la mode vestimentaire nous le dictait.

Cultiver une singularité de style, tout en se rangeant en permanence dans les idéologies du politiquement correct, nous offre-t-il cette différence et cette indépendance tant recherchée ?

Nos qualités comme nos défauts forgent ce que nous sommes. Ils participent à notre charme, à notre charisme, à l'image que nous transmettons aux autres.

Vouloir à tout prix cacher ou lisser ses défauts en fonction des desiderata de la société, c'est en réalité amputer une partie de notre personnalité. On peut critiquer, aimer ou détester James, mais personne ne peut rester indifférent devant lui.

Petit exercice amusant à faire, pour comprendre toute l'importance que le fait d'assumer ses défauts peut avoir dans notre vie.
Commencez par lister vos défauts pour en rire, mais aussi pour en tirer des conséquences positives dans votre mode de fonctionnement, sans pour autant devoir corriger ce petit défaut.
Petit exemple par introspection, pour, à défaut d'être complètement transparent, au moins être crédible !

« Je suis feignant. »
➡ Je dois donc être plus efficace dans mon travail que les autres, pour ne pas y passer mes jours et mes nuits.

« J'ai toujours eu un problème avec la hiérarchie (surtout quand elle me semble incompétente). »
➡ Je dois donc d'une manière ou d'une autre être mon propre patron pour ne pas subir une situation contre nature, inhérente à ce petit défaut.

« Je suis bavard ».

➡ Trop ! Beaucoup trop ! Je dois donc sans arrêt apprendre des choses, futiles ou importantes, pour ne pas saouler mon entourage d'un torrent de bêtises insipides. (Ce n'est pas toujours gagné !)

« J'ai un avis sur beaucoup trop de choses, et comme disait Coluche : il a un avis sur tout, mais surtout un avis. »

➡ Je me dois donc d'envisager tous les aspects d'une situation, d'un événement, les deux faces d'une même pièce, et tous les sons de cloches, afin de ne pas dire trop d'énormités quand j'exprime un avis.

Comme pour James, les défauts assumés servent autant que les qualités, et nous avons tout intérêt à nous en inspirer pour, comme lui, rayonner de toutes nos facettes.

DANS LA TÊTE DE JAMES…

NOBODY IS PERFECT.
MAIS QUI EST NOBODY ?

42

JAMES EST PRÉCIS **DANS CE QU'IL DÉSIRE**

« Vodka Martini, mélangée au shaker, pas à la cuillère. »

Les diamants sont éternels, 1971.

Cela peut paraître anecdotique, mais la précision dans la manière dont James exprime ses désirs peut révéler une forme d'esprit qui peut nous être utile. Souvent, lorsqu'on nous demande ce que nous aimerions être, faire, ou avoir, nous répondons par quelques généralités : « J'aimerais voyager, être riche, être une femme d'affaires… »
OK… Mais voyager où ? Pour voir quoi ? Être riche ? Comment ? Jusqu'à quel niveau ? Sous quelle forme ? Faire des affaires ? À Wall Street ou aux puces de Saint-Ouen comme antiquaire ?
Vous voyez où je veux en venir ?

Le flou que nous entretenons dans nos désirs est souvent le reflet du flou artistique de ce que nous obtenons de ces désirs.
Sans envie précise, pas de plan d'action envisageable, ni donc d'actes précis à mettre en œuvre.
Si nous ne savons pas exactement ce que nous voulons, il est presque impossible de l'obtenir, car nous ne pouvons pas agir en ce sens.
Nous pouvons bien sûr prendre une direction, mais la réalisation concrète d'un projet ne peut être obtenue

que dans la mise en œuvre d'actions précises, listées et menées à bien.
Combien de fois n'avez-vous pas entendu ou n'avez-vous pas dit : « Je ferai bien ça, mais je ne sais pas par où commencer. »
La seule réponse est : « L'envie, le projet est-il clair ? Précis ? Reformule ton projet, affine-le. »

Quand on sait clairement ce que l'on veut, on sait où trouver les réponses de ce que l'on ignore du sujet et comment les obtenir.
J'ai souvent entendu parler du fantasme de monter des chambres d'hôtes. C'est un projet génial pour l'avoir fait, réalisable si l'on s'en donne les moyens et qu'on a balayé toutes les connaissances nécessaires au lancement de cette activité. Au moment où j'ai cédé cette affaire, j'ai rencontré pas mal de profils différents pour reprendre, mais tous ne voyaient qu'une part de l'activité, et souvent l'excuse de pouvoir réaliser leur passion à travers les chambres d'hôtes. Il y eut le cas de celui qui voulait en réalité tenir une cuisine, et donc s'orientait sur une table d'hôte, en plus de l'activité, sans pour autant avoir commencé une formation mi-

nimum de cuisinier, dont il allait s'enquérir dans les mois à venir… Le cas de celle qui voulait en réalité ouvrir un bar à thé à travers cette activité…
Beaucoup d'exemples comme ceux-là n'ont jamais pu reprendre l'activité, car ils se trompaient de projet. Ils ne savaient pas exactement ce qu'ils voulaient ni comment réellement le mettre en œuvre.

C'est tout le danger de nos rêves et de nos envies, que de ne pas être assez précis et exigeant avec eux. Car au final, nous ne pouvons réaliser que ce que nous avons imaginé, de manière visualisée, consciente et précise. Il nous faut, pour réaliser nos désirs, être aussi exigeants que James l'est dans la réalisation de sa Vodka Martini.

DANS LA TÊTE DE JAMES…

SAVOIR CE QUE L'ON VEUT, C'EST DÉJÀ L'OBTENIR.

CE QUE PENSENT CEUX QUI ONT INCARNÉ
JAMES BOND

« Le monde a changé. Je ne suis pas quelqu'un de sexiste et de misogyne. Mais, il l'est. Et qu'est-ce que ça veut dire ? Cela veut dire qu'il faut caster de brillantes actrices et écrire les meilleurs rôles féminins que l'on peut dans les films. »

Daniel Craig

« Le monde a changé. Mais pas lui. »

Daniel Craig

« Il est extrêmement solitaire. Il y a beaucoup de tristesse chez lui. Il couche avec toutes ces femmes magnifiques mais, après, elles partent et c'est... triste. »

Daniel Craig

43
JAMES EST **INCORRUPTIBLE**

James Bond : « Vous me surestimez, M. Draco. Elle est très séduisante, mais pour ce que vous désirez, je ne suis pas mûr. »

Draco : « Écoutez-moi, un jour vous l'épouserez ! Et je vous ferai une dote d'un million de livres sterling, en or. »

James Bond : « C'est fort tentant, je l'avoue. Mais que ferais-je bien de ce million de livres ? »

Draco : « Stupide ! »

James Bond : « Et le goût de la liberté du vieux célibataire ? »

Draco : « Alors, voyez-la plus souvent. Qui sait ce qu'il en adviendra. »

James Bond : « Navré Draco, mais dans ma profession… Vous avez des relations que je ne puis avoir. »

Au service secret de Sa Majesté, 1969.

« Dis-moi qui tu fréquentes et je te dirai qui tu es », nous répète la sagesse populaire. Nous avons commencé cet ouvrage par *James est entier*, et pour boucler la boucle de ce caractère bien trempé dont nous pouvons nous inspirer chaque jour dans notre vie, l'aspect incorruptible qui en découle apparaît comme une évidence.

Rien n'achète James, ni le pouvoir, ni les femmes, ni l'argent. Pouvons-nous tous en dire autant ?
Nous pouvons l'espérer, nous pouvons y tendre, nous pouvons prendre exemple sur James pour ce trait de caractère tendant à se raréfier de nos jours.

Et pourtant, si nous-même ne sommes pas incorruptibles, que penser des autres avec qui nous traitons des affaires, avec qui nous frayons, à qui nous confions quelques pensées intimes, quelques secrets ?
Si nous-même ne sommes pas exemplaires en ce domaine, à qui pourrons-nous nous fier demain et dès aujourd'hui ?
Nous attendons tous des autres qu'ils soient de confiance, incorruptibles, qu'ils ne nous trahissent jamais. Pour ceux qui nous font face, nous sommes

l'autre, à nous d'agir en ce sens, afin que cette valeur se répande.
Il ne faut jamais oublier, comme James le vit, qu'être incorruptible, c'est aussi n'avoir aucun point de faiblesse à offrir à ses ennemis, aucune prise sur nous ni aucun chantage possible.

Être incorruptible, c'est au final s'offrir la liberté d'être, et de vivre à notre guise.

DANS LA TÊTE DE JAMES…

ÊTRE INCORRUPTIBLE, C'EST ÊTRE LIBRE.

44
JAMES EST **PRUDENT**

L'assistante de Fekkech : « Vous êtes très méfiant, monsieur Bond. »
James Bond : « Un facteur de longévité selon moi. »
L'espion qui m'aimait, 1977.

Même s'il doit sans arrêt prendre des risques et souvent improviser dans les situations de crise, James n'en reste pas moins quelqu'un de très prudent. La vie est dangereuse, et il ne le sait que trop bien, alors à quoi bon vouloir ajouter au risque du hasard et de ses missions, une attitude de tête brûlée ?

Quand on voit les risques inconsidérés que font prendre parfois les « challenges » entre jeunes sur les réseaux sociaux, ces accros à l'adrénaline qui les entraîne parfois jusqu'à la mort[1], je me dis que question prudence, la bêtise a encore de beaux jours devant elle.

Faut-il avoir peu connu les risques, les accidents et la souffrance morale comme physique, pour jouer ainsi les casse-cous à tout instant ?

Si James est prudent, c'est parce qu'il sait par expérience que seule l'importance supérieure des enjeux de ses missions, l'autorise à mettre sa vie en danger. Rien d'autre.

Jamais James ne serait assez bête pour jouer à la roulette russe par pur « plaisir ».

---

1. *C'est vraiment trop con de mourir comme ça*, Éditions de l'Opportun.

Et si l'on ne prend dans notre quotidien, que l'exemple de la voiture, combien autour de nous sur la route, se prennent pour les seigneurs du bitume, au volant de ce qu'ils croient être un tank ? Combien se prennent pour les rois de la conduite, à vous coller aux fesses, à grand renfort d'appels de phares, car vous êtes sur LEUR voie ? Combien, dès qu'ils s'installent derrière leur volant, voient tout à coup leur voiture non plus comme un véhicule de locomotion, mais comme un instrument de domination, presque une arme par moments ?

En matière de prudence, dans ce simple exemple, James ne prend des risques au volant que par nécessité. Jamais pour se déplacer.
Faire preuve de prudence dans notre quotidien comme dans notre rapport aux autres ne signifie pas se mettre en retrait, craindre, se méfier de tout et avoir peur de son ombre à chaque instant.

Faire preuve de prudence, c'est avant tout savoir éviter de prendre des risques inutiles dans ce que nous avons besoin de faire.

Un accident reste un accident, et il peut survenir à tout moment, sans que nous ayons besoin de mettre toutes les « chances » de notre côté, à travers des comportements risqués ou inconsidérés, pour qu'il survienne.

Si la prudence dans les actes reste un facteur de longévité, question relation humaine et confiance, la prudence reste parfois également de mise. Comme il le dit avec ironie dans *Le monde ne suffit pas* : « Si on ne peut plus faire confiance à un banquier suisse, où va le monde, je vous le demande. »

DANS LA TÊTE DE JAMES…

**PRENEZ TOUJOURS LA MESURE
ET NE SOUS-ESTIMEZ JAMAIS
UNE SITUATION OU UN ADVERSAIRE.**

45

JAMES EST UN CHAT, IL A 9 VIES

James Bond : « … Sans oublier une explosion de gaz en plein Londres. »

M. Silva : « Juste un petit clic. »

James Bond : « On a tous besoin d'un hobby. »

M. Silva : « C'est quoi le tien ? »

James Bond : « La résurrection. »

Skyfall, 2012.

Combien de fois James a-t-il frôlé la mort ? Combien de fois est-il resté en vie ?
Bien plus que les scénaristes de tous les films et de tous les livres de Ian Flemming, c'est avant tout le moteur de vie de James qui lui a permis de se réinventer au fil de la saga, sans que cela ne perde le public, et d'ainsi pouvoir rester en vie.

C'est James lui-même en réalité, ce personnage mythique qui a su toucher toutes les cultures, toutes les modes, toutes les époques dans tous les pays, qui assure sa propre survie, et non pas, contrairement à ce qu'on pourrait penser, les auteurs, comme moi, qui ont pu lui recréer des vies.
Tous les auteurs ou scénaristes qui ont pu écrire sur James Bond n'ont été en réalité qu'à son service.
Au service de ce personnage que nous rêvons tous d'être en partie quelque part. Avec ses forces, ses faiblesses. Un héros.
Mais un héros qui n'est pas seulement bâti autour d'actes de bravoure, de vies ou de monde sauvés, mais le héros de sa propre vie.

C'est peut-être en ce sens que nous l'envions tous, car James nous invite dans ses actes à devenir non pas des héros de films, mais les héros de notre propre vie.

James représente-t-il finalement le chat du Spectre ? Le côté lumineux de la force dans les bras du côté obscur ?
Une chose est sûre, James agit et pense comme un chat[1] !
Libre, calme, curieux, observateur, confiant, tenace, prudent, élégant, charismatique, fier, indépendant… À n'en pas douter, James est un chat.

DANS LA TÊTE DE JAMES…

PENSER, OUI. MAIS PLUS IMPORTANT : AGIR. ET COMME LE CHAT, SAVOIR PROFITER DE TOUS LES PLAISIRS QUE LA VIE PEUT OFFRIR.

1. *Agir et penser comme un chat*, Éditions de l'Opportun.

TEST
007

Alors ? Pourriez-vous être un double zéro sept au service de Sa Majesté ?
Mais au-delà, êtes-vous un véritable agent au service de vous-même ?
De votre bonheur ? De votre vie ?
Pour chaque question, répondez sincèrement en entourant votre réponse.

1 – Vous arrive-t-il de faire des compromis, dans la vie comme avec votre conscience ?

OUI NON PEUT-ÊTRE / PARFOIS

2 – Êtes-vous capable de cacher qui vous êtes, votre personnalité comme vos goûts par moments ?

OUI NON PEUT-ÊTRE / PARFOIS

3 – Pensez-vous que votre timidité soit un handicap pour faire des rencontres amoureuses ?

OUI NON PEUT-ÊTRE / PARFOIS

4 – Pour vous, la provocation notamment verbale peut-elle nuire aux relations que vous entretenez ?

OUI NON PEUT-ÊTRE / PARFOIS

5 – Pensez-vous que « tends l'autre joue » vaut mieux que « œil pour œil », quand on vous fait du mal ?

OUI NON PEUT-ÊTRE / PARFOIS

6 – Dans le domaine professionnel, pensez-vous qu'il est préférable de foncer tête baissée sur ses ennemis plutôt que de sourire froidement ?

OUI NON PEUT-ÊTRE / PARFOIS

7 – Vous est-il déjà arrivé de ne pas tenir votre parole ou vos engagements ?

OUI NON PEUT-ÊTRE / PARFOIS

8 – Vous sentez-vous parfois soumis dans votre hiérarchie ou dans votre vie personnelle ?

OUI NON PEUT-ÊTRE / PARFOIS

9 – Prenez-vous toujours des décisions mûrement raisonnées et réfléchies ?

OUI NON PEUT-ÊTRE / PARFOIS

10 – Perdez-vous facilement votre calme ?

OUI NON PEUT-ÊTRE / PARFOIS

11 – Pour vous, avoir une forte personnalité, est-ce un don que l'on a à la naissance ?

OUI NON PEUT-ÊTRE / PARFOIS

12 – Prenez-vous souvent les choses trop à cœur ?

OUI NON PEUT-ÊTRE / PARFOIS

13 – Doutez-vous de vous très souvent ?

OUI NON PEUT-ÊTRE / PARFOIS

14 – Respectez-vous toujours les règles ?

OUI NON PEUT-ÊTRE / PARFOIS

15 – Êtes-vous toujours à la recherche de votre place en ce monde ?

OUI NON PEUT-ÊTRE / PARFOIS

16 – Êtes-vous très attaché à vos biens matériels ?

OUI NON PEUT-ÊTRE / PARFOIS

17 – Pensez-vous que séduire pour obtenir, c'est mentir ?

OUI NON PEUT-ÊTRE / PARFOIS

18 – Tenez-vous compte des conventions morales et sociales ?

OUI NON PEUT-ÊTRE / PARFOIS

19 – Pensez-vous que l'opportunisme est un défaut ?

OUI NON PEUT-ÊTRE / PARFOIS

20 – Dévoilez-vous à qui veut l'entendre votre plan de carrière, de vie ?

OUI NON PEUT-ÊTRE / PARFOIS

21 – Votre passé vous pèse-t-il ? Conditionne-t-il parfois votre vie d'aujourd'hui ?

OUI NON PEUT-ÊTRE / PARFOIS

22 – Êtes-vous une personne qui ne peut s'empêcher de sans cesse bavarder ?

OUI NON PEUT-ÊTRE / PARFOIS

23 – Êtes-vous incapable d'aimer aujourd'hui à cœur ouvert ?

OUI NON PEUT-ÊTRE / PARFOIS

24 – Diriez-vous par rapport à votre entourage que vous êtes plutôt une personne prévisible ?

OUI NON PEUT-ÊTRE / PARFOIS

25 – Est-ce compliqué pour vous de sortir facilement de votre routine ?

OUI NON PEUT-ÊTRE / PARFOIS

26 – Pensez-vous n'avoir aucun pouvoir d'influence sur le bonheur des autres en ce monde ?

OUI NON PEUT-ÊTRE / PARFOIS

27 – Regrettez-vous certains choix que vous avez pu faire ?

OUI NON PEUT-ÊTRE / PARFOIS

28 – Vous arrive-t-il parfois de baisser les bras ?

OUI NON PEUT-ÊTRE / PARFOIS

29 – Avez-vous tendance à vivre au jour le jour et à vous laisser porter par le quotidien ?

OUI NON PEUT-ÊTRE / PARFOIS

30 – Pensez-vous qu'à partir de maintenant, plus rien de merveilleux ne pourra survenir dans votre vie ?

OUI NON PEUT-ÊTRE / PARFOIS

31 – Pour vous, la chance est-elle étroitement liée au fait de trouver des solutions ?

OUI NON PEUT-ÊTRE / PARFOIS

32 – Préféreriez-vous être le sniper plutôt que le négociateur lors d'une prise d'otage ?

OUI NON PEUT-ÊTRE / PARFOIS

33 – Avez-vous souvent tendance à vous laisser dépasser par vos émotions, positives comme négatives ?

OUI NON PEUT-ÊTRE / PARFOIS

34 – Avez-vous souvent la sensation de mener votre vie avec sans arrêt la tête dans le guidon ?

OUI 💋 NON 🔫 PEUT-ÊTRE / PARFOIS 🍸

35 – Vous est-il déjà arrivé de trahir un ami ?

OUI 💋 NON 🔫 PEUT-ÊTRE / PARFOIS 🍸

36 – L'élégance et le bon goût sont-ils des éléments accessoires de votre quotidien ?

OUI 💋 NON 🔫 PEUT-ÊTRE / PARFOIS 🍸

37 – Avez-vous tendance à étaler parfois vos nombreux talents ?

OUI 💋 NON 🔫 PEUT-ÊTRE / PARFOIS 🍸

38 – Êtes-vous capable de vous mettre dans la peau et de comprendre n'importe qui ?

OUI 💋 NON 🔫 PEUT-ÊTRE / PARFOIS 🍸

39 – Êtes-vous nostalgique ? Adepte du « c'était mieux avant » ?

OUI 💋 NON 🔫 PEUT-ÊTRE / PARFOIS 🍸

40 – Vous sentez-vous souvent incapable de convaincre les gens autour de vous ?

OUI NON PEUT-ÊTRE / PARFOIS

41 – Pensez-vous être une personne qui a peu de défauts ?

OUI NON PEUT-ÊTRE / PARFOIS

42 – Vos envies sont-elles parfois un peu floues ?

OUI NON PEUT-ÊTRE / PARFOIS

43 – À partir d'une certaine somme, l'argent pourrait-il vous faire changer de décision ou d'avis ?

OUI NON PEUT-ÊTRE / PARFOIS

44 – Pensez-vous être plutôt quelqu'un de casse-cou ?

OUI NON PEUT-ÊTRE / PARFOIS

45 – Un doberman ressemble-t-il plus qu'un siamois à la psychologie de James Bond ?

OUI NON PEUT-ÊTRE / PARFOIS

Comptez à présent votre nombre de :

OUI

NON

PEUT-ÊTRE / PARFOIS

RÉSULTATS **DU TEST** 007

SI VOUS AVEZ UN MAXIMUM DE

Mauvaise nouvelle, vous êtes encore loin d'être un 007 accompli. Vous n'êtes pas assez à l'écoute de votre vie, et de vos désirs.

Enfilez un smoking et mettez-vous dès aujourd'hui en ordre de bataille, pour faire entrer la psychologie de James dans votre vie !

SI VOUS AVEZ UN MAXIMUM DE

James sommeille en vous, il est présent mais hésite encore à vous offrir toutes ses capacités et ses talents. Réveillez le James qui est en vous, laissez-le s'imposer dans toutes vos décisions pour mieux vous servir !

SI VOUS AVEZ UN MAXIMUM DE

Félicitations, vous êtes un véritable agent au service de votre propre bonheur !

Vous pouvez être fier de vous, entier, courageux, séducteur et charismatique ! Continuez à développer encore vos talents dans les quelques rubriques du test ci-dessus où vous avez répondu :

ou en vous référant au chapitre correspondant (*la question 1 se référant au chapitre 1 etc.*).

Malgré tout, n'ayez aucune inquiétude si le costume de James n'est pas devenu pour vous une seconde peau, car pour grandir, comme il le dit :

« Nous avons toute la vie devant nous. »

James Bond, Au service secret de Sa Majesté.

LES RÈGLES DE VIE **DE JAMES...**

1. « Ne vendez jamais votre âme au diable, il ne vous paiera pas. »

2. « Je suis ce que je suis, et j'assume qui je suis. »

3. « Je n'aime pas les femmes, j'aime toutes les femmes, pour ce qu'elles sont. Tout ce qu'elles sont. »

4. « Nul n'a pouvoir sur moi tant que je ne lui donne aucune prise. »

5. « Gentillesse n'est pas faiblesse. Craignez mon sourire. »

6. « Personne ne peut m'abattre. »

7. « Rien n'est plus précieux que la parole donnée. »

8. « Un peu d'impertinence ne nuit jamais, surtout quand elle permet de remettre les pendules à l'heure. »

9. « Seul mon instinct sait ce qu'il y a de meilleur pour moi. »

10. « Restez calme, le reste suivra. »

11. « Le charisme, c'est être soi, seulement soi, entièrement soi. »

12. « Aujourd'hui suffit. Demain n'est qu'un autre aujourd'hui. »

13. « Envisager l'échec, c'est prendre le risque de perdre. L'échec n'est jamais envisageable. »

14. « Chaque jeu possède ses règles. Inventez votre propre jeu, inventez vos propres règles. »

15. « Avoir une place, être utile, mais choisir. »

16. « Cultivez le bon goût, les belles choses comme un art de vivre, mais ne vous y attachez jamais. »

17. « Et de toi j'obtiendrai ce que je désire d'un simple sourire. »

18. « De rien, je peux tout. »

19. « Mieux vaut faire que dire. Un jour pour une étape suffit. »

20. « Ne soyez jamais le mouton, mais le loup. »

21. « Hier est un autre. Aujourd'hui je suis. »

22. « Soyez synthétique, exprimez-vous directement. »

23. « Savoir encore tout donner, même le peu qu'il nous reste, pour à nouveau savoir aimer. »

24. « Il faut toujours envisager l'inconcevable, pour toujours être prêt et ne jamais être surpris. »

25. « Les roseaux sont toujours là quand les arbres se déracinent. »

26. « Protéger, c'est aimer. Protéger, c'est servir. »

27. « Rien ne sert de regretter le meilleur de ce que l'on a choisi à un moment pour soi. »

28. « Même quand il n'y a plus d'espoir, se battre et poursuivre. »

29. « Décider du présent, c'est anticiper l'avenir. »

30. « Rien n'est jamais définitif. Recommencer c'est aimer et encore s'aimer. »

31. « Il y a toujours une solution. Réussir, c'est trouver. »

32. « Dans un combat, il n'y a que deux perdants. La meilleure façon d'éviter un combat, c'est de ne pas être là. »

33. « La peur n'empêche rien. »

34. « Nous sommes tous faits de la même manière. Prenez un peu de hauteur, en dessous, seules des fourmis identiques sont en train de s'agiter. »

35. « Les amis sont une famille qu'on a choisie pour la vie. »

36. « L'élégance vestimentaire est à l'image de l'élégance d'esprit. »

37. « Être en représentation permanente ne vaut pas le savoir et l'action au bon moment. »

38. « On ne peut essuyer que les larmes que l'on connaît. »

39. « Vivez dans votre époque. Utilisez le meilleur de votre temps. »

40. « Convaincre, c'est emmener les autres avec soi. »

41. « Nobody is perfect. Mais qui est nobody ? »

42. « Savoir ce que l'on veut, c'est déjà l'obtenir. »

43. « Être incorruptible, c'est être libre. »

44. « Prenez toujours la mesure et ne sous-estimez jamais une situation ou un adversaire. »

45. « Penser, oui. Mais plus important : agir. Et comme le chat, savoir profiter de tous les plaisirs que la vie peut offrir. »

LE PLUS BEAU CADEAU QUE L'ON PUISSE SE FAIRE **EST DE SAVOIR PARDONNER…**

Mathis vient de se faire tuer, James le prend dans ses bras.

Mathis : « S'il te plaît, reste avec moi, reste ici s'il te plaît. […] Ça va mieux, je ne souffre pas. »
James Bond : « Mathis, ton nom c'est une couverture hein ? »
Mathis : « Oui… »
James Bond : « Ça n'a pas bien marché… »
Mathis : « On décide de se pardonner ? »
James Bond : « Je n'aurais jamais dû te laisser seul… »

Mathis : « Vesper, elle a tout sacrifié pour toi. Faut lui pardonner. Et pardonne-toi James… »
Quantum of Solace, 2008.

Pardonner aux autres, se pardonner à soi-même… Il n'est pas d'autre solution pour continuer à grandir.
James apprend encore sur la vie, sur lui-même, à travers la mort de cet ami-ennemi.
Si nous pouvons tous tirer parti, pour vivre mieux, des multiples talents de James, il est primordial dans ce cheminement, dans cette quête du Bond qui attend de naître en chacun de nous, que nous sachions pardonner à ceux qui nous ont fait du mal, comme à nous-mêmes.
Savoir pardonner, c'est laisser le passé derrière soi.
Savoir se pardonner, c'est se délester de tout son poids, pour enfin prendre son envolée.
Savoir pardonner, le plus cadeau que l'on puisse se faire, pour vivre en paix à jamais.

FILMOGRAPHIE

FILMS OFFICIELS :

1 - **James Bond 007 contre Dr No** - 1962

Titre original : *Dr. No*

Réalisateur : Terence Young

Interprète : Sean Connery

2 - **Bons baisers de Russie** - 1963

Titre original : *From Russia with Love*

Réalisateur : Terence Young

Interprète : Sean Connery

3 - **Goldfinger** - 1964

Titre original : *Goldfinger*

Réalisateur : Guy Hamilton

Interprète : Sean Connery

4 - **Opération Tonnerre** - 1965

Titre original : *Thunderball*

Réalisateur : Terence Young

Interprète : Sean Connery

5 - **On ne vit que deux fois** - 1967

Titre original : *You Only Live Twice*

Réalisateur : Lewis Gilbert

Interprète : Sean Connery

6 - **Au service secret de Sa Majesté** - 1969

Titre original : *On Her Majesty's Secret Service*

Réalisateur : Peter Roger Hunt

Interprète : George Lazenby

7 - **Les diamants sont éternels** - 1971

Titre original : *Diamonds Are Forever*

Réalisateur : Guy Hamilton

Interprète : Sean Connery

8 - **Vivre et laisser mourir** - 1973

Titre original : *Live and Let Die*

Réalisateur : Guy Hamilton

Interprète : Roger Moore

9 - **L'Homme au pistolet d'or** - 1974

Titre original : *The Man with the Golden Gun*

Réalisateur : Guy Hamilton

Interprète : Roger Moore

10 - **L'Espion qui m'aimait** - 1977

Titre original : *The Spy Who Loved Me*

Réalisateur : Lewis Gilbert

Interprète : Roger Moore

11 - **Moonraker** - 1979

Titre original : *Moonraker*

Réalisateur : Lewis Gilbert

Interprète : Roger Moore

12 - **Rien que pour vos yeux** - 1981

Titre original : *For Your Eyes Only*

Réalisateur : John Glen

Interprète : Roger Moore

13 - **Octopussy** - 1983

Titre original : *Octopussy*

Réalisateur : John Glen

Interprète : Roger Moore

14 - **Dangereusement vôtre** - 1985

Titre original : *A View to a Kill*

Réalisateur : John Glen

Interprète : Roger Moore

15 - **Tuer n'est pas jouer** - 1987

Titre original : *The Living Daylights*

Réalisateur : John Glen

Interprète : Timothy Dalton

16 - **Permis de tuer** - 1989

Titre original : *Licence to Kill*

Réalisateur : John Glen

Interprète : Timothy Dalton

17 - **GoldenEye** - 1995

Titre original : *GoldenEye*

Réalisateur : Martin Campbell

Interprète : Pierce Brosnan

18 - **Demain ne meurt jamais** - 1997

Titre original : *Tomorrow Never Dies*

Réalisateur : Roger Spottiswoode

Interprète : Pierce Brosnan

19 - **Le monde ne suffit pas** - 1999

Titre original : *The World Is Not Enough*

Réalisateur : Michael Apted

Interprète : Pierce Brosnan

20 - **Meurs un autre jour** - 2002

Titre original : *Die Another Day*

Réalisateur : Lee Tamahori

Interprète : Pierce Brosnan

21 - **Casino Royale** - 2006

Titre original : *Casino Royale*

Réalisateur : Martin Campbell

Interprète : Daniel Craig

22 - **Quantum of Solace** - 2008

Titre original : *Quantum of Solace*

Réalisateur : Marc Forster

Interprète : Daniel Craig

23 - **Skyfall** - 2012

Titre original : *Skyfall*

Réalisateur : Sam Mendes

Interprète : Daniel Craig

24 - **Spectre** - 2015

Titre original : *Spectre*

Réalisateur : Sam Mendes

Interprète : Daniel Craig

25 - **Mourir peut attendre** - 2020

Titre original : *No Time to Die*

Réalisateur : Cary Joji Fukunaga

Interprète : Daniel Craig

FILMS NON OFFICIELS :

Casino Royale - 1967

Titre original : *Casino Royale*

Réalisateur : John Huston, Ken Hughes, Val Guest, Robert Parrish

Interprète : David Niven

Jamais plus jamais - 1983

Titre original : *Never Say Never Again*

Réalisateur : Irvin Kershner

Interprète : Sean Connery

BIBLIOGRAPHIE DE **IAN FLEMING**

Ian Fleming a écrit quatorze volumes des aventures de James Bond qui ont été adaptées au cinéma.

1953 : *Casino Royale* (Espions, faites vos jeux)

1954 : *Live and Let Die* (Vivre et laisser mourir)

1955 : *Moonraker* (Entourloupe dans l'azimut)

1956 : *Diamonds Are Forever* (Les diamants sont éternels)

1957 : *From Russia With Love* (Bons baisers de Russie)

1958 : *Dr. No* (James Bond contre Dr No)

1959 : *Goldfinger* (Opération Chloroforme)

1960 : *For Your Eyes Only* (Bons baisers de Paris)

1961 : *Thunderball* (Opération Tonnerre)

1962 : *The Spy Who Loved Me* (Motel 007)

1963 : *On Her Majesty's Secret Service* (Au service secret de Sa Majesté)

1964 : *You Only Live Twice* (On ne vit que deux fois)

1965 : *The Man With The Golden Gun* (L'Homme au pistolet d'or)

1966 : *Octopussy and the Living Daylights* (Meilleurs vœux de la Jamaïque)

Achevé d'imprimer en février 2020
par Normandie Roto Impression s.a.s.
61250 Lonrai
N° d'impression : 2000754
Dépôt légal : mars 2020
ISBN : 978-2-36075-971-2

Imprimé en France